RECUEIL

D'ÉDIT

ARRESTS ET DÉCLARATIONS

DU ROI,

Concernant la ville de Metz.

A METZ,

Chez JOSEPH ANTOINE, Imprimeur ordinaire du Roi,
& de l'Hôtel-de-ville.

M. DCC. LXXVI.

ÉDIT DU ROI,

PORTANT création & établissement de cinq Bailliages, ensemble de Maires & Echevins ès Villes de Metz, Toul & Verdun, & autres du ressort de la Cour de Parlement de Metz.

Du mois d'Avril mil six cent trente-quatre.

registré les février 1641

LOUIS, par la grace de Dieu, Roi de France & de Navarre. A tous présents & à venir, SALUT. Les grands soins & diligence dont nos Prédécesseurs Rois ont usé, & Nous depuis notre avénement à la Couronne, pour l'établissement, ordre & conduite de la Justice, & pour la faire promptement administrer à nos Sujets, à leur plus grand soulagement, Nous ont porté à ordonner par notre Edit du mois de Janvier mil six cens trente-trois l'établissement d'une Cour de Parlement en notre Ville de Metz pour le ressort des Evêchez dudit Metz, Toul & Verdun, & autres Terres & Seigneuries y déclarées, depuis peu remises à notre obéissance, afin de pourvoir aux abus qui se commettoient esdits lieux en l'administration de la Justice ; depuis lequel établissement, plusieurs appellations auroient été interjettées en notredite Cour, des Sentences & Jugemens rendus par ceux qui exerçoient ladite Justice, qui se sont trouvez si contraires à l'ordre

A ij

& pratique, & à nos Ordonnances, pour le défaut de capacité &
litterature d'aucuns defdits Juges, que le regret, de n'y avoir plutôt
remedié nous eft fenfible : joint auffi que le plus fouvent lefdits
jugemens étoient rendus contre nos Sujets defdites Provinces les
plus incommodez en leurs biens, & qui ont le plus befoin de
fecours & protection, dont feroient arrivez beaucoup d'inconveniens.

Plufieurs raifons femblables & autres, Nous furent reprefentées
par nofdits Sujets defdites Provinces, lorfqu'ils requirent de Nous
la Création dudit Parlement : Néanmoins pour favorablement
traiter les Maître-Echevin & Treize dudit Metz, les Magiftrats &
Exerçans la Juftice ordinaire defdites Villes de Toul, Verdun &
autres lieux déclarez en notredit Edit, de l'Etabliffement dudit
Parlement, Nous leur aurions permis d'exercer la Juftice, &
juger en dernier reffort de toutes matieres Civiles qui n'excéde-
roient la fomme de cent livres ou la valeur d'icelle pour une
fois payer, ou de cinq livres de rente, ou revenu annuel en fond
d'héritage, & par provifion jufques à deux cens livres ou dix
livres de rente ; enfemble d'exercer la Juftice, & juger en dernier
reffort jufqu'à foixante fols d'amende, comme au long le contient
ledit Edit : Afin de foulager les Officiers de notredite Cour de la
connoiffance de toutes les petites matieres qui les empêche-
roient de vacquer aux plus grandes & plus importantes, eftimant
ce moyen facile & prompt pour l'abréviation des procès, & terminer les differens qui pourroient naître entre nofdits Sujes defdites Province : Nonobftant quoi depuis l'Etabliffement dudit
Parlement, ils fe font fouvent adreffez directement à ladite
Cour, pour la connoiffance d'iceux differens, quelques petits
qu'ils ayent été ; ce qui Nous fait aprehender efdites provinces
le conrs du même defordre qui étoit autrefois entre nos Sujets des autres Provinces de notre Royaume ; la plupart defquels abandonnoient leur forme & maniere de vivre avec
leurs Arts, induftrie, & autres vertueux & louables exercices

aufquels ils étoient apellez, pour employer le plus fouvent tout leur tems & leurs biens à une pourfuite qui ne pouvoit être que dommageable à eux & au public : A quoi nos prédéceffeurs Rois auroient pourvû, tant à ce que les procés & differens de moindre importance fuffent terminez fur lefdits lieux, au grand foulagement ds nos Sujets, qu'afin que nos Cours Souveraines fuffent déchargées de cette connoiffance : Defirant auffi remedier à tels inconveniens & defordres, & octroyer à nos Sujets defdites Provinces ce qu'ils Nons ont fouvent demandé, & que Nous connoiffons leur être utile & avantageux, & fur tout pour ôter fuivant les anciennes Ordonances des Rois nos prédéceffeurs, la multiplicité des degrez de Jurifdiction en mêmes lieux ; comme étant notoirement préjudiciable au bien de la Juftice & repos de nos Sujets, & pourvoir de plus en plus à la fûreté de nos Places : Les Charges mêmes, & Offices de Juftice étant remplis de perfonnes que Nous reconnoîtrons être fidelles & affectionées à notre fervice, & au bien de notre Etat.

Aprés avoir mis cette affaire en déliberation en notre Confeil, où étoient aucuns Princes de notre Sang, & autres Grands & notables Perfonnages de notre Royaume, de l'avis d'icelui, & de notre pleine puiffance & authorité Royale.

Avons éteint & fuprimé, éteignons & fuprimons par ces préfentes les Jurifdictions des Treize, Maître-Echevin, & Confeil d'icelui, & autres Juridictions dans nos Villes de Metz, Toul & Verdun, Clermont, Mouzon, Château-Renaud, Vic, Gorze, Nomeny & Fauxbourgs d'icelles Villes, comme pareillement ès lieux de Varennes, Montignon, Vienne-le-Châtel, Stenay, Jametz & autres Terres dépendantes du Reffort de notredit Parlement : enfemble la fonction des trois Offices de Garde-Scel héréditaires defdites Juftices ordinaires de Metz, Toul & Verdun, créez par notre Edit du mois de Décembre mil fix cens trente-trois, à la referve des gages, droits de Sceau & de Bullettes, duquel Nous entendons que ceux qui

ont levé lefdits Offices en nos Parties Cafuelles, jouiffent héré-
ditairement conformément audit Edit , Arrêt de verification
d'icelui, & Arrêt de notre Confeil en confequence, attendu la
Finance qu'ils en ont payée en nos coffres: Lefquels droits de
Bullettes Nous avons réunis & réuniffons au corps de notre
Domaine: promettant en parole de Roi indemnifer & recompenfer fuivant l'eftimation qui en fera faite en notre Confeil,
ceux qui Nous feront aparoir par titre & poffeffion légitime,
avoir droit de Juftice en tous lefdits lieux: Voulons, ordonnons & Nous plait, qu'en chacune des Villes & lieux ci-après
déclarez du reffort de notredit Parlement de Metz foient établis
en titre de Bailliage & Prevôté les Siéges Royaux qui enfuivent.
A SçAVOIR, en notredite Ville de Metz, Pays Meffin, &
Franc-alûs y enclos, & même aux lieux d'Apremont, Conflans, Malatour, Courfelles, Goin & Cherizy, un Bailliage
compofé d'un Bailly de robe courte, un notre Confeiller Lieutenant General Civil, un notre Confeiller Lieutenant Criminel,
un notre Confeiller Lieutenant Particulier, un notre Confeiller
Affeffeur Civil & Criminel, qui fera premier Confeiller en notredit Bailliage : onze autres Confeillers, l'un defquel fera Clerc,
un notre Confeiller Garde des petits Sceaux, des Sentences &
Contrats ; un notre Confeiller & Avocat pour Nous, lequel aura
voix délibérative ès Caufes où Nous n'aurons point particulierement interêts, un Procureur pour Nous, deux Greffiers, Civil
& Crimenel, un Greffier des Préfentations & Affirmations, deux
Maîtres Clercs pour les Audiances Civiles, & un pour les Criminelles ordinaires, qui auront la Garde des facs, & tiendront
la plume en la Chambre du Confeil: trois nos Confeillers Receveurs des confignations audit Bailliage de Metz & Prevôtez en
dépendantes, trois nos Confeillers & Controlleurs defdits Receveurs des confignations, trois nos Confeillers Receveurs du Domaine, qui feront auffi payeurs des gages defdits Officiers , &
Receveurs des amendes & épices qui s'ajugeront aufdits Siéges,

un notre Confeiller Receveur des deniers communs & d'Octroy : lefquels Recveurs & Controlleurs feront pour lefdits Bailliages & Prevoté de Gorze : un Concierge Garde des Prifons, deux Huif-fiers Audiasciers au Civil & au Criminel, dix autres Huiffiers, douze Procureurs poftulans, fans que les Avocats puiffent être admis à faire la fonction de Procureur, ni aux autres Bailliages & Prevôtez ci-après déclarez établis : un notre Confeiller Com-miffaire & Receveur General des Saifies réelles, deux Commif-faires-Enquêteurs-Examinateurs, & huit Notaires.

Lefquels Officiers de notredit Bailliage connoîtront des matie-res Civiles & Criminelles, complaintes pour le poffeffoire des Benefices & autres, de tous les lieux de notredit Bailliage, com-me pareillement des Apellations qui feront interjettées des Juge-mens rendus par les prevôts, Maires, Echevins, & autres Officiers des Seigneuries, Franc-alûs, Ecclefiaftiques & Laiques dudit Pays Meffin ; Comme auffi des Apellations des Juges & Officiers def-dits lieux d'Afpremont, Conflans, Malatour, Courfelles, Goin & Cherizy, fauf l'apel à notredit Parlement des Jugemens qui feront rendus en notredit Bailliage, finon aux cas qui feront ci-aprés exprimez

En la Ville, Fauxbourgs & Comté de Toul, & Franc-alûs y enclos ; un Bailliage qui fera compofé auffi d'un Bailly de robe courte, un Lieutenant General Civil, un Lieutenant Criminel, un Lieutenant Particulier, un notre Confeiller Affeffeur & Ajoint Civil & Criminel, neuf Confeillers, l'un defquels fera Clec ; un notre Confeiller Garde des petits Sceaux comme deffus, un notre Confeiller & Avocat pour Nous, qui aura voix délibera-tive pareillement aux Caufes où Nous n'aurons point d'interêts, un Procureur pour Nous, un Greffier Civil & Criminel heredi-taire, un Greffier des Préfentations, Infinuations & Affirmations, & un Maître Clerc Civil & Criminel, qui aura la garde des facs, trois Receveurs du Domaine & des Confignations, & Payeur des gages defdits Officiers, qui fera auffi Receveur des amendes &

épices, un Payeur & Receveur des deniers communs & d'octroy, un Concierge Garde des Prisons, un Huissier Audiancier, six autres Huissiers, huit Procureurs, six Notaires, deux Commissaires-Enquêteurs & Examinateurs, & un Commissaire & Receveur General desdites Saisies réelles.

Lesquels Officiers de notredit Bailliage de Toul connoîtront en premiere instançe, tant en ladite Ville que Fauxbourgs S. Epvre & S. Mansuy, & autres de ladite Ville, de toutes matieres Civiles & Criminelles, & des complaintes tant pour le possessoire des Benefices, qu'autres complaintes dans tous les lieux dudit Bailliage; comme pareillement des Apellations qui seront interjettées des Jugemens rendus par les Maires, Prevôts, Echevins & autres Officiers des Villages & Seigueuries de l'Evêché, & Chapitre de Toul: comme aussi des Villages & Seigneuries du Chapitre S. Gengoult, & autres Chapitres & Communautez de ladite Ville & Comté de Toul ; des Villages & Seigneuries dépendantes desdites Abayes de S. Epvte & S. Mansuy, & des autres situées audit Comté, & des Officiers des Justices & Seigneuries de Boussiere-aux-Dames, Bouligny & autres Seigneuries, & Franc-alûs enclavez audit Comté de Toul, sauf l'apel à notredit parlement des Sentences & Jugemens rendus audit Bailliage, hors les cas ci-après exprimez.

En la Ville, Comté & Faubourg de Verdun, Dieulouard, Hattonchastel, Terres & Seigneuries de Marchéville, Jametz, Terres en dépendantes, & Franc-alûs enclavez audit Comté de Verdun, un pareil Bailliage que celui de Metz, qui sera composé de semblables & pareil nombre d'Officiers.

Tous lesquels Officiers établis en notredit Bailliage, connoîtront aussi en premiere instance de toutes matieres Civiles & Crimminelles de notredite Ville & Fauxbourgs de Verdnn, & des complaintes pour le possessoire des Benefices, & autres desdits lieux dudit Bailliage desdites Ville, Fauxbourgs, Comté & Franc-alûs; comme aussi des Apellations qui seront interjettées des Jugemens,

gemens,

gements & Sentences renduës par les Prevôts, Maires & Officiers des Franc-alûs, Juſtices & Seigneuries de l'Evêché, Chapitres & autres Seigneuries, & Communautez dudit Verdun; comme pareillement deſdits Officiers de Dieuloüard, Hattonchâtel, Jametz & Marchéville, pour être leſdits Appellations jugées en notredit Bailliage, ſauf l'apel en notredit Parlement, hors les cas ci-aprés exprimez.

En la Ville de Vic, & Châtellenies en dépendantes, Francalûs, & autres lieux dudit Evêché de Metz, un Bailliage qui ſera compoſé d'un Bailly de robe courte, d'un Lieutenant Civil, un Lieutenant Criminel, un Lieutenant Particulier, un notre Conſeiller Aſſeſſeur & Ajoint, Civil & Criminel, qui ſera premier Conſeiller, neuf autres Conſeillers, l'un deſquels ſera Clerc, un notre Conſeiller Garde des petits Sceaux à Contrats & Sentences, un notre Conſeiller Avocat pour Nous, qui aura voix déliberative ès Cauſes où Nous n'aurons point intérêt, & un Procureur auſſi pour Nous; tous leſquels Officiers auront la même qualité de notre Conſeiller : un Greffier Civil & Criminel, un Greffier des Préſentations, Inſinuations & Affirmations; un Clerc pour les Audiances Civiles & Criminelles, qui aura la garde des ſacs & Sentences, & tiendra la plume en la Chambre du Conſeil, trois Receveurs de Conſignations audit Bailliage & Prevôté de Nomeny, qui ſera auſſi Receveur du Domaine, Payeur des gages & Receveur des amendes, épices & deniers communs & d'octroy audit Bailliage & Prevôté de Nomeny : un Concierge Garde des Priſons, un Huiſſier Audiancier Civil & Criminel, huit autres Huiſſiers, dix Procureurs Poſtulans, deux Commiſſaires Enquêteurs & Examinateurs, un Commiſſaire & Receveur General des Saiſies réelles, & quatre Notaires.

Leſquels Officiers connoîtront auſſi en premiere inſtance de toutes matieres Civiles & Criminelles de ladite Châtellenie de Vic comme auſſi des complaintes pour le poſſeſſoire des Benefices, & autres cas Royaux deſdits lieux ci-deſſus & des Appella-

B

tions des Officiers defdites Châtellenies, Franc-alûs, & autres lieux dépendans dudit Evêché, comme pareillement des Officiers de S. Avolt, Hombourg & Marfal; pour être lefdites Appellations jugées en notredit Bailliage, fauf l'Apel à notredit Parlement, hors le cas ci-après : Avons permis à nôtre Coufin l'Evêque de Metz d'établir au lieu de Moyen-Vic une Châtellenie particuliere, pour les Villages qui dépendoient de la Châtellenie particuliere de Vic ; ce qu'il fera dans le tems de fix mois après la publication des préfentes.

En la Ville de Mouzon. lieux en dépendans, & Prevôté établie par ces préfentes à Château-Renaud, & autres lieux en dépendans ; un Bailliage qui fera compofé d'un Bailly de robe courte, un Lieutenant General Civil & Criminel, un Lieutenant Particulier, Affeffeur Civil & Criminel & Ajoint, un notre Confeiller Garde des petits Sceaux comme deffus, quatre autres nos Confeillers, un notre Confeiller & Avocat pour Nous, qui aura auffi voix déliberative ès Caufes où Nous n'aurons point d'interêt, & un notre Procureur auffi pour Nous, un Greffier Civil & Criminel & des Préfentations & Affirmations, trois Receveurs hereditaires du Domaine dudit Bailliage & Prevôté de Mouzon, qui feront auffi Receveurs des Confignations, amendes & épices, tant defdits Bailliages & Prevôté, qu'aux Eaux & Forêts en dépendans, Payeurs des gages des Officiers de toutes lefdites trois Jurifdiétions de Mouzon, & Receveurs des deniers communs & d'oétroy : trois Controlleurs defdits Receveurs & Payeurs, un Maître Clerc Civil & Criminel, qui aura la garde des facs, un Commiffaire Enquêteur & Examinateur, & un Commiffaire & Receveur General defdites Saifies réelles, fix Procureurs Poftulans, un Huiffier Audiancier, quatre autres Huiffiers, un Concierge Garde des Prifons, & quatre Notaires.

Lefquels Officiers connoîtront auffi en premiere inftance des matieres Civiles & Criminelles de ladite Ville de Mouzon, & des complaintes pour les Benefices, & autres cas Royaux des lieux dudit Bailliage : comme pareillement des Apellations qui feront interjettées des Jugemens rendus par les Officiers des lieux dudit Bailliage, fauf l'apel à notredit Parlement, hors les cas ci-deffus.

Tous lefquels Offices ci-deffus déclarez, Nous avons par notre préfent Edit perpetuel & irrévocable, créé & érigé, créons & érigeons en titre d'Office formé, pour en joüir & difpofer par ceux qui en feront pourvûs, & leurs fucceffeurs en iceux ; & quant aux Greffiers, Maîtres Clercs, Receveurs des Confignations du Domaine, Procureurs Poftulans aufdits Siéges, Concierges des Prifons, Nous les avons créez en titre d'heredité, fans qu'ils puiffent être revendus ni encheris pendant dix années prochaines, & fans Edit régiftré en notredit Parlement de Metz, & auffi fans que lefdits Receveurs foient tenus ni obligez de bailler aucune caution, attendu qu'ils font, comme dit eft, créez en titre d'heredité : Auxquels Officiers Nous avons attribué & attribuons, comme dit eft ci-deffus, la Jurifdiction & connoiffance de toutes matieres Civiles & Criminelles, mixtes, réelles & perfonnelles qui interviendront entre nos Sujets Habitans defdits lieux, chacun en leur détroit, fuivant & ainfi qu'il eft accoutumé en nos autres Bailliages, Sénéchauffées & Siéges Royaux des Refforts de nos autres Parlemens.

Voulons auffi qu'ils puiffent juger en dernier reffort de toutes les matieres Civiles qui n'excederont la valeur de cent livres pour une fois payer, ou de cinq livres de rente ou revenu annuel en fonds d'héritage, de quelque nature & qualité que foit ledit revenu : Enfemble des dépens & reftitutions de fruits procedans defdits Jugemens, à quelque fomme qu'ils fe puiffent monter : comme auffi voulons qu'ils puiffent juger par provifion jufques à deux cens livres, & dix livres de rente en fonds d'heritages : Voulons pareillement qu'ils puiffent exercer la Police, & juger en dernier reffort jufques à foixante fols d'amende, fans qu'il foit permis d'en apeller ; & où il y auroit lieu d'adjuger plus grande amende, Nous leur permettons de faire exécuter leurs Jugemens pour lefdits foixante fols par provifion, nonobftant opofitions ou apellations quelconques, & fans préjudice d'icelles : Et fans auffi avoir égard aux Ordonnances & Réglemens par Nous & nos prédécefleurs Rois, faits pour le fait de nos autres Bailliages, Sénéchaufïées & Siéges Royaux, aufquels Nous avons dérogé pour ce regard. Voulons que nonobftant iceux Réglemens & Ordonnances, nos Officiers defdits Bailliages préfentement créez, joüiffent & ufent des mêmes pouvoirs par Nous ci-devant accordez aux Treize & aux Magiftrats exerçans la Juftice efdites Villes de Metz, Toul & Verdun, Vic & Mouzon, par l'Edit de la Créa-tion & Etabliffement dudit Parlement ; comme auffi des différens d'entre les Soldats & Bourgeois, & de tous les autres cas dont la connoiffance eft attribuée aux Juges Royaux ci-devant établis efdites Villes : Et en ce faifant, avons fuprimé & fuprimons les Jurifdictions que Nous & nos prédécefleurs y avoient ci-devant établis ; comme pareillement les Juges & Officiers des Bailliages, Evêché & Chapitre defdites Villes de Metz, Toul & Verdun, & tous autres Juges, Jufticiers & Magiftrats defdits lieux, ainfi que Nous l'avons ci-deffus déclaré & révoqué, & révoquons le pou-voir & Jurifdiction à eux attribuée : N'entendons néanmoins priver nofdits Sujets defdites Villes de Metz, Toul & Verdun, Vic & Mouzon, de la grace que Nous & nos prédécefleurs Rois ont toujours été foigneux de conferver à nos bons & fideles Su-jets des Villes de notre obéïffance, pour l'ordre neceffaire & con-duite de la Police : ains afin de les conferver ; Voulons qu'en chacune d'icelles il foit nommé par les plus notables defdites Villes quatre d'entr'eux, qui fe qualifiront Maître-Echevin & Echevins, ou Maire & Echevins, aufquels Nous attribuons les mêmes honneurs, authorité & pouvoir dont jouiffent les Maires & Echevins de nos autres Villes, qui exerceront lefdites Charges deux années confécutives. Et afin de pourvoir à tous abus, & aporter ès Villes du reffort de notredite Cour, le même ordre

13

qui eſt en celles de nos autres Provinces, permettons aux plus notables deſdites Villes de s'aſſembler tous les ans une fois, en tel lieu qu'il aviſeront, pour élire à la pluralité des voix deux d'entr'eux pour nouveaux Maire & Echevin, ou Maître-Echevin & Echevins, à la place de deux anciens, qui y feront ſuivant & ainſi qu'il eſt accoutûmé, ce que Nous voulons être gardé & obſervé, Nous reſervant de faire pareille grace à nos Sujets des lieux ci-deſſus mentionnez, qui Nous feront voir & à notre Conſeil, qu'il leur ſera utile de leur octroyer un pareil Etabliſſement de Maires & Échevins: Et afin de ne rien obmettre du ſoulagement de noſdits Sujets, pour la plus grande facilité de l'exercice de la Juſtice, & leur témoigner que Nous n'avons rien en plus grande recommandation que ce qu'il Nous a ſemblé être de leur bien & utilité, Nous avons auſſi par notre préſent Edit perpetuel & irrévocable, créé & érigé, créons & érigeons en titre d'Office formé, huit Prevôtez ſubalternes, pour être établies ès lieux de Clermont, Gorze, Nomeny, Château-Renaud, Stenay, Varennes, Montignon & Vienne-le-Châtel; leſquelles Prevôtez Nous avons compoſés, ſçavoir, celle de Gorze, qui reſſortira au Bailliage de Metz, d'un Prevôt, un Lieutenant Particulier, un Aſſeſſeur Civil & Criminel & Ajoint aux Enquêtes, un Procureur pour Nous, un Greffier Civil & Criminel, deux Sergens, trois Procureurs & deux Notaires.

La Prevôté de Clermont qui reſſortira au Bailliage de Verdun, d'un Prevôt, un Lieutenant Particulier, un Aſſeſſeur Civil & Criminel & Ajoint aux Enquêtes, un Procureur pour Nous, un Greffier Civil & Criminel, deux Sergens, trois Procureurs & deux Notaires.

La Prevôté de Nomeny, qui reſſortira au Bailliage de Vic, d'un Prevôt, un Lieutenant Particulier, un Aſſeſſeur Civil & Criminel & Ajoint aux Enquêtes, un Procureur pour Nous, un Greffier Civil & Criminel, deux Sergens, trois Procureurs, & deux Notaires.

La Prevôté de Château-Renaud, qui reſſortira au Bailliage de Mouzon, d'un Prevôt, un Lieutenant Conſeiller Aſſeſſeur Civil & Criminel & Ajoint aux Enquêtes, un Procureur pour Nous, un Greffier, trois Receveurs du Domaine hereditaires, avec les droits de ſix deniers pour livre, trois Controlleurs dudit Domaine avec le Garde-Marteau, & droits de trois deniers pour livre, ſix Sergens, deux Notaires, & deux Procureurs Poſtulans.

La Prevôté de Varennes, d'un Prevôt, un Lieutenant Conſeiller Aſſeſſeur Civil & Criminel & Ajoint aux Enquêtes, un Procureur pour Nous, un Greffier Civil & Criminel, deux Sergens, deux Notaires, & trois Procureurs.

Les Prevôtez de Montignon, Vienne-le-Châtel & Stenay, de mêmes Offices, & en pareil nombre d'Officiers que ladite Prevôté de Varennes.

Leſquelles quatre Prevôtez de Varennes, Montignon, Vienne-le-Châtel & Stenay, reſſortiront au Bailliage de Verdun.

Leſdits Greffiers, Notaires & Procureurs des ſuſdites Prevôtez, enſemble ledit Receveur du Domaine de Château-Renaud, ſeront pourvûs en heredité.

Pour de tout joüir par ceux qui en ſeront pourvûs, tout ainſi que ceux de noſdits Bailliages ci-devant créez.

Leſdits Prevôts & Officiers connoîtront de toutes matieres Civiles, Criminelles & autres, ainſi que font les Officiers des Prevôtez & reſſort de nos autres Parlemens ; & reſſortiront les appellations qui interviendront & ſeront interjettées de leurs Jugemens auſdits Bailliages de Metz, Vic & Mouzon, ſuivant leurſdits reſſorts, pour y être jugées conformément aux pouvoirs à eux donnez par notredit préſent Edit : Et comme la prompte expedition des procès & differens, fait une notable partie à la diſtribution de la Juſtice, Nous ordonnons à noſdits Baillifs & Prevôts de donner & arrêter certains jours pour la ploidoire publique & expédition des Cauſes, leur enjoignant de décider & terminer ſur le champ celles qui y ſeront diſpoſées, & n'apointer que celles

qu'ils verront confifter envifion de plufieurs piéces ; Enjoignant
à nos Officiers defdits Bailliages de juger au nombre de fept pour
le moins, les Caufes dont Nous leur avons attribué la connoiffance en dernier reffort, tant pour les Jugemens diffinitifs que
par provifion, foit qu'ils foient rendus aux Audiences ou fur Procès par écrit, dont les Greffiers feront tenus faire mention, tant
en leurs minutes que dans les groffes des expéditions, & d'y dé-
clarer le nombre & les noms des Juges qui y auront affifté, à
peine aufdits Greffiers des dépens, dommages & intérêts des Parties, Nous réfervant auffi d'établir au lieu que nous verrons un
Bailliage & Prevôté pour les Paroiffes communes attribuées à
notredit Parlement par notredit Edit de fon établiffement.

Et d'autant qu'au reffort de notredit Parlement il y a plufieurs
Eaux & Forêts qui en dépendent, fur le fait defquels nos prédéceffeurs Rois ont fait plufieurs Ordonnances & pourvû à l'exécution d'icelles, comme chofe importante à notre fervice, défirans
établir le même ordre au reffort de notredite Cour, Nous avons
auffi par notre préfent Edit perpetuel & irrévocable, créé & érigé,
créons & érigeons par ces préfentes en titre d'Office formé, un
grand Maître, Chef, Enquêteur & General Réformateur des Eaux
& Forêts du reffort de notredit Parlement en la Prevôté de Clermont ; un Maître particulier des Eaux & Forêts en celles dudit
Clermont, Montignon, Varennes & Vienne-le-Châtel : un Lieutenant, un Maître Sergent hereditaire, quatre Sergens hereditaires, un Greffier en la Maîtrife defdites Eaux & Forêts. Au reffort
du Bailliage de Mouzon, Prevôté de Château-Renaud & Beau-
mont en Argonne, un Maître des Eaux & Forêts defdits lieux,
un Lieutenant, un Procureur pour Nous, un Maître Sergent,
deux autres Sergens & un Greffier, lefquels Officiers préfentement
créez pour le fait de nofdites Eaux & Forêts, pourront chacun
en fon égard, reffort & limite, vifiter & réformer nofdites Eaux
& Forêts, connoître & juger des Procès & differens qui interviendront pour raifon de ce, à la charge de l'apel en notredit Parle-

ment, faire pourſuivre, définir, décider, procéder, exploiter, jouïr & uſer de tel & ſemblable pouvoir, authorité, prérogatives, prééminences, privileges, franchiſes, libertés, droits, profits, revenus & émolumens, y garder & faire garder les mêmes Ordonnances faites tant par noſdits prédéceſſeurs Rois, que Nous ſur le fait de noſdites Eaux & Forêts, tout ainſi que font & peuvent faire les grands Maîtres & Officiers au Siége de la Table de Marbre à Paris, & autres Officiers de ſemblable qualité ; joüiront auſſi leſdits Grand Maître & Maîtres particuliers deſdites Eaux & Forêts des droits de Chauffage, dont joüiſſent ſemblables Officiers : Voulons auſſi qu'avenant vacation deſdits Offices de Maîtres Particuliers & Lieutenans deſdites Eaux & Forêts ainſi par Nous créez, ceux qui en ſeront par Nous pourvûs, ſoient reçûs par ledit Grand Maître, & les autres Officiers par leſdits Maîtres Particuliers, chacun en leur reſſort, ainſi qu'il eſt accoutumé : Et pour le regard dudit Grand Maître, qu'il ſoit reçû en notredit Parlement : Et pour n'accroître le nombre des Officiers de noſdites Eaux & Forêts, attribuons à nos Avocats & Procureurs préſentement créez auſdits Bailliages de Mouzon & Prevôté de Clermont, la qualité & fonction de nos Avocats & Procureurs ès Eaux & Forêts deſdits lieux : Voulons qu'il jouiſſent des droits dûs à cauſe de l'attribution de ladite qualité. Et déſirant auſſi commettre à la Recette des deniers de notredit Domaine, & deniers communs en aucunes deſdites Villes : Avons par notre préſent Edit, créé & érigé en titre d'Office comme deſſus, chacun en noſdits Bailliage de Mouzon, & Prevôté de Clermont & Château-Renaud, trois Receveurs de notredit Domaine hereditaires, pour recevoir tout ce qui dépend deſdits Bailliage & Prevôtez, tant en Grains, Dixmes, Etangs, Moulins, Forges, ventes de Bois, Amendes, Confiſcations, Quints & Requints ; comme auſſi pour le cautionnement, & fournir les deniers en la Recette generale de Châlons, y veriſier Etat, & d'iceux rendre compte, où par Nous leur ſera ordonné ; trois Controlleurs deſdits Receveurs

veurs dudit Domanie de Mouzon, & Prevôté de Clermont &
Château-Renaud, qui auront aussi la qualité de Garde-Marteau
desdits Eaux & Forêts en dépendans : Et en nosdits Bailliages
de Metz, Toul & Verdun, un notre Conseiller & Receveur
des deniers communs & d'Octroy ; & s'il survient quelque diffe-
rent concernant notredit Domaine, & deniers communs & d'Octroy, la connoissance en appartiendra à nosdits Baillifs ; & par
apel à notredit Parlement : & afin que lesdits Officiers Nous puissent dignement servir, & suporter la dépense qui leur conviendra
faire, Nous leur avons attribué & attribuons la somme de *trente-
six mille huit cens trente-trois livres six sols huit deniers tournois* ;
laquelle somme leur sera payée chacun an suivant l'état qui en
sera arrêté en notre Conseil.

Desquels gages Nous leur ferons faire le fonds sur les lieux
perceptibles par les Payeurs des gages desdits Bailliages, sur leurs
quittances, de quartier en quartier, sur la même nature de derniers
que ceux des Officiers de notredit Parlement de Metz, & par
eux payez ausdits Officiers aussi de quartier en quartier, comme
ceux de nos autres Bailliages & Prevôtez. Davantage, attribuons
à tous lesdits Officiers présentement créez les mêmes honneurs,
pouvoirs, autoritez prééminences, prérogatives, privileges, fran-
chises, immunitez, exemptions & taxations ; à sçavoir, ausdits
Payeurs des gages desdits Officiers & Receveurs des deniers communs & d'Octroy six deniers pour livre de leur maniement ; ausdits
Controlleurs, trois deniers pour livre de leurdit maniement,
qu'ils pourront prendre & retenir par leurs mains . ainsi qu'il est
accûtumé, droit, fruits, profits & émolumens dont jouissent
les Officiers de même qualité. Faisons défenses à toutes personnes,
de quelque état, qualité & condition qu'ils soient de les troubler & empêcher en la jouissance d'iceux, sous quelque prétexte
& occasion que ce soit ou puisse être : Et afin que tous les pourvûs de tous lesdits Offices les puissent exercer sans crainte de les
perdre par leur mort, Nous les avons dispensez pendant le restant

des années qui ont été par Nous données, pour le droit annuel
de la rigueur des quarante jours, sans payer le droit annuel, &
après icelles expirées, lesdits Officiers seront reçus audit droit
annuel, sans faire aucun prêt ni avance, en payant seulement le
soixantiéme denier de l'évaluation de leurs susdits Offices : Et
pour donner moyen de pourvoir ausdits Offices, & être promte-
ment secourus en nos affaires du fonds qui en proviendra, Nous
permettons à toutes personnes de les exercer, encore qu'ils fussent
pourvus d'autres Offices, pourvû qu'ils ne soient incompatibles,
& sans que pour ce ils soient obligez de faire leur résidence actuelle
sur les lieux où lesdits Offices sont créez ; après toutefois qu'ils
auront fait aparoir de leurs vies, mœurs & capacitez. Si
DONNONS EN MANDEMENT à nos amez & féaux Conseillers
les Gens tenans notre Cour de Parlement dudit Metz, que notre
présent Edit ils ayent à faire lire, publier & régistrer selon sa forme
& teneur, & du contenu en icelui joüir & user pleinement &
paisiblement les pourvûs des Offices y mentionnez, & ne permettre qu'il leur soit fait, mis ou donné aucun trouble ou empêchement au contraire. CAR tel est notre plaisir : Et afin que ce
soit chose ferme & stable à toûjours, Nous avons fait mettre notre Scel à ces présentes. Donné à S. Germain-en-Laye au mois
d'Août, l'an de Grace 1634. & de notre Régne le 25. *Signé*,
LOUIS. Et à côté, Visa ; *Et plus bas*, Par le Roi, BOUTHILLIER,
& scellé du grand Sceau de cire verte, en lacs de soye rouge &
verte.

*Lû, publié & régistré, oüi & ce requerant le Procureur General
du Roi, pour être exécuté selon sa forme & teneur, aux charges
portées par le Registre. A Toul, le Parlement de Metz y séant, le
Jeudi 21 Février 1641. Signé*, HULT, *& collationné.*

DECLARATION DU ROY,

PORTANT Confirmation & Réglement sur la Nomination & Election d'un Maire & dix Conseillers-Echevins en la ville de Metz.

Du mois de Décembre 1640.

LOUIS par la grace de Dieu Roi de France & de Navarre. A tous ceux qui ces préfentes Lettres verront, Salut. Par notre Edit du mois d'Août 1634. & pour les confiderations y contenuës, Nous avons entre autres chofes éteint & fuprimé les Jurifdictions des Treize, Maître-Echevin & Confeil d'icelui, & autres Jurifdictions de nos Villes de Metz, Toul & Verdun, Clermont, Mouzon, Château-Renaud, Vic, Gorze, Nomeny & Fauxbourgs d'icelles Villes, comme pareillement ès lieux de Varennes, Montignon, Vienne-le-Châtel, Stenay, Jametz, & autres Terres dépendantes du Reffort de notre Cour de Parlement de Metz, enfemble la fonction de trois Offices de Garde-Scel hereditaires defdites Juftices ordinaires de Metz, Toul & Verdun, créez par autre notre Edit du mois de Décembre mil fix cens trente trois, à la referve des gages, droits de Sceau & de Bullette, defquels ceux qui ont levé lefdits Offices en nos Parties cafuelles joüiront hereditairement, conformément audit Edit, attendu la Finance qu'ils en ont payé en nos Coffres, lefquels Droits de Bullette Nous avons réunis au corps de notre Domaine, & promis indemnifer & recompenfer fuivant l'eftimation qui en fera faite en notre Confeil, ceux qui feront aparoir par Titres & Poffeffions légitimes, avoir droit de Juftice en tous lefdits lieux : Et outre, par ledit Edit du mois d'Août mil fix cens trente-quatre

Nous avons aussi ordonné qu'en chacune des Villes & lieux y déclarez, il sera établi en Titre de Bailliage & Prevôtez, des Siéges Royaux, ensemble huit Prevôtez subalternes & Maîtrises Particulieres des Eaux & Forêts, qui seront compofées des Officiers aussi créez par ledit Edit, pour en joüir par ceux qui en seront pourvûs, aux honneurs, autoritez, pouvoirs, fonctions, gages & droits portez par icelui, & autres claufes, conditions & permiffions à plein mentionnées audit Edit ; lequel n'ayant jufques à préfent été executé, fe feroient depuis enfuivis les mêmes defordres & abus qui fe commettoient auparavant icelui en l'adminiftration de la Juftice, dont nous avons reçû de tems en tems diverfes plaintes, en forte qu'il eft important pour notre fervice, & le bien & foulagement de nos Sujets, d'y pourvoir ; & eftimant ne le pouvoir mieux qu'en faifant executer notredit Edit du mois d'Août mil fix cens trente-quatre. A CES CAUSES, Sçavoir faifons qu'après avoir mis l'affaire en déliberation en notre Confeil, de l'avis d'icelui, & de notre certaine fcience, pleine puiffance & autorité Royale : Avons par ces préfentes fignées de notre main, dit, déclaré & ordonné, difons, déclarons & ordonnons Voulons & Nous plaît, que notredit Edit du mois d'Août mil fix cens trente-quatre ci-attaché fous le contre-Scel de notre Chancellerie, foit exécuté felon fa forme & teneur ; & ce faifant, que les Siéges Royaux, Bailliages, Prevôtez & Maîtrifes Particulieres des Eaux & Forêts mentionnées en icelui, feront établis ès Villes & lieux y déclarez, & dès à préfent par Nous pourvû aux Offices créez par notredit Edit en chacun defdits Siéges Royaux, Bailliages, Prevôtez, Eaux & Forêts & autres lieux ; pour en joüir par ceux qui en feront pourvûs & leurs Succeffeurs, aux honneurs, autoritez, pouvoirs, fonctions, gages & Droits qui leur font attribuez par icelui : Et d'autant que par le fufdit Edit, Nous avons entr'autres chofes créé en chacun des Bailliages de Metz & Verdun, un Greffier & un Maître Clerc pour le Civil, un Greffier & un Maître Clerc pour le Criminel ; au Bailliage de

Toul , un Greffier & un Maître Clerc pour le Civil & Criminel; en celui de Vic , un Greffier pour le Civil, & un Greffier pour le Criminel, avec un Maître Clerc pour le Civil & Criminel ; Et au Bailliage de Mouzon, un feul Greffier pour le Civil & Criminel , Préfentations & Affirmations , avec un Maître Clerc, lefquels Greffiers & Maîtres Clercs, n'eftimans pas en nombre fuffifant pour vacquer continuellement à l'Exercice defdites Charges , y rendre l'affiduité requife ; Nous en amplifiant notredit Edit, & en tant que befoin eft ou feroit ; Avons de nouveau créé & érigé , créons & érigeons par ces prefentes en titre d'Offices formez & hereditaires en chacun des fufdits Bailliages , des Greffiers & Maîtres Clercs Alternatifs & Triennaux ; A fçavoir, en chacun defdits Bailliages de Metz & Verdun, deux Greffiers & deux Maîtres Clercs Alternatifs & Triennaux pour le Civil , deux Greffiers & deux Maîtres Clercs Alternatifs & Triennaux pour le Criminel: Au Bailliage de Toul, deux Greffiers, & deux Maîtres Clercs Alternatifs & Triennaux pour le Civil & Criminel : Au Bailliage de Vic , deux Greffiers, Alternatif & Triennal pour le Civil, deux pareils Offices pour le Criminel, & deux Maîtres Clercs , Alternatif & Triennal pour le Civil & Criminel ; Et au Bailliage de Mouzon, deux Greffiers, Alternatif & Triennal pour le Civil & Criminel , Préfentations & Affirmations , & deux Maîtres Clercs auffi alternatif & Triennal pour le Civil & Criminel; aufquels Offices fera auffi dès à préfent par Nous pourvû, & leur avons attribué & attribuons les mêmes Droits & Fonctions que Nous avons attribué à pareils Offices de Greffiers & Maîtres Clercs Alternatifs & Triennaux , créez par notre Edit du mois de Décembre mil fix cens trente-neuf, verifié en notre Parlement de Paris le   jour de Mars mil fix cens quarante , encore qu'ils ne foient ci au long exprimez : comme auffi ayant jugé neceffaire de pourvoir à l'ordre & conduite de la Police & affaires communes des Villes, Nous aurions par notredit Edit du mois d'Août mil fix cens trente-quatre, permis aux plus Notables def-

dites Villes de Metz, Verdun, Toul, Vic & Mouzon, de s'affembler une fois tous les ans, en tel lieu qu'ils aviferont, pour élire
à la pluralité des voix quatre d'entr'eux, qui fe qualifieront Maitre-Echevin & Echevins, ou Maires Echevins, lefquels auront le
foin des affaires communes defdits Villes : Néanmoins confidé-
rant à préfent notre Ville de Metz comme la principale Ville du
Reffort de notre Cour de Parlement dudit lieu ; & voulant à
cette occafion qu'elle ait quelque prérogative pardeffus les autres,
Nous amplifiant auffi notredit Edit. VOULONS que dorénavant
& à toûjours, il y ait un Maire & dix Confeillers-Echevins en ladite Ville de Metz pour le Gouvernement & Adminiftration de
la Maifon commune de ladite Ville, à l'inftar & aux mêmes
fonctions, honneurs, autoritez, prérogatives, prééminences,
franchifes & libertez dont joüiffent à préfent les Prevôt des Marchands, Echevins & Confeillers de notre bonne Ville de Paris ;
& pour l'ordre de la Nomination & Election d'iceux, donnons à
cette fin pouvoir à notre amé & féal le Sr. LAMBERT, Maréchal
de nos Camps & Armées, & Gouverneur de notre Ville de Metz,
& à fes Succeffeurs en ladite Charge, de faire affembler les Paroiffiens & Habitans de chacune Paroiffe féparément, au jour
lieu & heure qui leur feront par lui ordonnez, pour par lefdits
Paroiffiens affemblez, élire ; Sçavoir, ceux des Paroiffes de S.
Jacques, S. Martin, Ste. Croix, S. Simplice, S Maximin, & S.
Euquaire, fix d'entr'eux de chacune Paroiffe des plus notables,
foit Nobles, Officiers, Bourgeois, ou Marchands non mécani-
ques ; ceux des Paroiffes de S. Gorgon, S. Marcel & S. Livier,
quatre de chacune Paroiffe ; & par ceux des Paroiffes de S. Victor,
S. George, S. Etienne, Ste. Segolene, S. Gengoulf, & S. Jean
S. Vic, deux de chacune Paroiffe auffi de pareille qualité, faifant en tout le nombre de foixante, lefquels foixante ainfi nommez, s'affembleront en tel lieu qu'ils aviferont, pour nommer
auffi à la pluralité des voix trois perfonnes de la qualité requife,
pour exercer ladite Charge de Maire, & trente pour lefdites

Charges de Conſeillers-Echevins, & à l'inſtant feront préſentez audit Sr. LAMBERT Gouverneur, pour être par lui choiſi l'un des trois nommez pour Maire, & dix des trente auſſi nommez pour Conſeillers-Echevins, qu'il jugera plus capables pour notre ſervice & utilité du public; lequel Maire ainſi choiſi exercera ladite charge durant le tems de deux années conſecutives, ſur la fin deſquelles ſera de nouveau procedé à la Nomination & Election d'un Maire, en la forme & maniere ci-devant: Et à l'Egard des dix Conſeillers-Echevins auſſi choiſis par ledit Gouverneur, Voulons qu'il y en ait cinq qui ſoient en charge durant ledit tems de deux années, & que les autres cinq ſortent après la premiere année de Charge, ſuivant le choix qui en ſera fait par notredit Gouverneur, pour lequel, ſur la fin de la premiere année, ſera faite de nouveau Aſſemblée en la forme ci-deſſus pour l'Election de cinq autres Conſeillers-Echevins, qui entreront en Charge au lieu des cinq qui ſortiront, & ſera continué pour l'avenir de deux ans en deux ans à l'Election d'un Maire, & d'année en année à la Nomination de cinq Conſeillers-Echevins au lieu & place des cinq plus anciens qui ſortiront de Charge. SI DONNONS EN MANDEMENT à nos amez & féaux Conſeillers les Gens tenans notre Cour de parlement de Metz, que notredit Edit & ces préſentes ils ayent à faire lire, publier & régiſtrer ſelon leur forme & teneur, & du contenu en iceux joüir & uſer pleinement & paiſiblement les pourvûs des Offices y mentionnez, ſans permettre qu'il leur ſoit fait, mis ou donné aucun trouble ou empêchement au contraire, nonobſtant oppoſitions ou appellations quelconques; dont ſi aucunes interviennent, Nous avons retenu & reſervé la connoiſſance à notre Conſeil, & icelle interdite à tous autres Juges, nonobſtant tous Edits, Déclarations, Réglemens, Arrêts & choſes à ce contraires: Auſquelles & aux dérogatoires des dérogatoires y contenuës, Nous avons dérogé & dérogeons par ceſdites préſentes; à la copie deſquelles düement collationées par l'un de nos amez & feaux Conſeillers

& Secretaires, foi fera ajoûtée comme au préfent Original. Car tel eft notre plaifir. En témoin de quoi Nous avons fait mettre notre Scel à cefdites préfentes. Donné à S. Germain en laye le douziéme jour le Decembre, l'an de Grace 1640. & de notre Régne le 31. *Signe,* LOUIS. *Et plus bas.* Parle Roi, BOUTHILLIER. Et fcellé du grand Scel de cire jaune.

Lû, publié & régiftré, oüi & ce requerant le Procureur General du Roi, pour être executé felon fa forme & teneur, aux Charges portées par le Régiftre à Toul, le Parlement de Metz y féant; le Jeudi 21. Février 1641. Signé HUET, *& collationné.*

ARREST

DU CONSEIL PRIVE' DU ROY,

PORTANT Réglement entre les Maire & Echevins de l'Hôtel de Ville, ou Maifon commune de la Ville de Metz, Demandeurs.

CONTRE les Officiers du Bailliage & Siége Royal établi dans ladite Ville, Défendeurs.

Du dix-neuviéme Décembre 1641.

EXTRAIT DES REGISTRES
Du Confeil d'Etat.

ENtre les Maire, Echevins & Communauté de la Ville de Metz, Demandeurs aux fins de la Requête par eux préfentée au Confeil, & de l'Arrêt intervenu fur icelle le 9 Août

dernier

dernier 1641. d'un part , & les Officiers tenans le Bailliage &
Siége Royal nouvellement établi audit Metz , Défendeurs d'autre : & encore lefdits Maire, Echevins, Habitans & Communauté
de ladite Ville de Metz , Demandeurs en Requête verbale aux
fins qui feront ci-après contenuës d'une part; & lefdits Officiers
dudit Bailliage & Siége Royal Défendeurs d'autre, fans que les
qualitez puiffent nuire ni préjudicier aux parties. Vû par le Roi
en fon Confeil ledit Arrêt dudit jour 9. Août dernier, intervenu
fur ladite Requête, tendante à ce qu'il plût à Sa Majefté, nonobftant & fans avoir égard à l'Arrêt du Parlement de Metz féant à
Toul, du vingt-fixiéme Août dernier, obtenu par les Défendeurs,
permettre aufdits Demandeurs de fe pouvoir au Confeil, &
d'envoyer leurs Députez pour y faire leurs plaintes des enterpri-
fes & attentats defdits Défendeurs , au préjudice des droits accordez à leur Communauté par les Edits & Déclarations de Sa Majefté , & cependant leur ordonner par provifion la conoiffance
de la Police en ladite Ville , & les décharger de l'Affignation à
eux donnée audit Parlement de Metz à la Requête defdits Defen-
deurs; en outre les maintenir en l'adminiftration des revenus de
ladite Ville, conformément aux Edits & Déclarations de Sa Majefté du mois d'Août 1634. & du mois de Décembre 1640. par
lequel Arrêt du Confeil , il auroit été ordonné qu'aux fins de
ladite Requête lefdits Défendeurs feroient affignez en icelui au
mois, pour Parties oüies, leur être fait droit ainfi qu'il apartien-
droit par raifon , & cependant ordonné que les Edits & Déclarations de Sa Majefté des mois d'Août 1634. & Décembre 1640.
feroient executez felon leur forme & teneur, que lefdits Demandeurs joüiroient par maniere de provifon de l'attribution à eux
octroyée par iceux, jufques à ce qu'autrement par Sadite Majefté
en eût été ordonné; commiffion fur icelui du même jour; Procés Verbal de fignification dudit Arrêt & commiffion, & d'affignation donnée en confequence aufdits Défendeurs à requête defdits
Demandeurs audit Confeil, au 27. dudit mois d'Août dernier;

D

Apointement de Réglement rendu par le Sieur Commiſſaire à ce député entre leſdites Parties en la préſente inſtance, du 16 Octobre dernier, contenant ladite Requête verbale, à ce qu'il plût à Sa Majeſté conſerver les Demandeurs aux droits de la haute Juſtice dans ladite Ville & Banlieuë de Metz, & en l'exercice de ladite haute Juſtice ſuivant leur paiſible poſſeſſion & joüiſſance, même depuis l'établiſſement dudit Parlement de Metz: Ordonner que l'ordre de la conduite de la Police & connoiſſance d'icelle apartiendra auſdits Demandeurs, pour en juger diffinitivement juſques à la ſomme de vingt-cinq livres d'amende, ſauf en cas d'apel à ſe pouvoir audit Parlement ; Maintenir leſdits Demandeurs en l'autorité de connoître & juger tant les faits & differens concernans ladite Police, que du crime, en tout cas par prévention, conformément à l'article ſoixante-onziéme de l'Ordonnance de Moulins ; permettre aux Sergens & Officiers de l'Hôtel de Ville de mettre à exécution les Sentences deſdits Maire & Echevins, & autres Ordres qu'ils pourroient recevoir d'eux, avec defenſes auſdits Officiers & tous autres de leur donner aucun trouble ni empêchement, à peine de tous dépens, dommages & interêts ; Ordonner que les Receveurs de ladite Ville, enſemble l'Econome de l'Hôpital fondé par les Habitans d'icelle, rendront leurs comptes pardevant leſdits Maire & Echevins de l'Hôtel commun de ladite Ville, après que les jour, lieu & heure pris & aſſignez pour la reddition deſdites comptes, auront été notifiez & publiez par les Affiches publiques: qu'en toutes Ceremonies publiques, comme en Proceſſions Generales, pour le *Te Deum* & autres, leſdits Maire & Echevins auront les premiers rangs & ſéances, comme ils ont eu de tout tems ; conſerver pareillement leſdits Maire & Echevins en la joüiſſance entiere de leur Maiſon de Ville & Conciergerie: Enjoindre aux Défendeurs de les laiſſer libres dans trois jours aprés la ſignification de l'Arrêt qui interviendra ſur l'inſtance ; ordonner que les Encheres & Adjudications des Biens ſaiſis par autorité de Juſtce, ſe feront à haute &

publique voix, aux mêmes lieux qu'ils fe faifoient d'ancienneté,
auparavant l'établiffement dudit Bailliage, & ce pour éviter aux
fraudes & furprifes qui autrement fe pourroient commettre. Et
que pour le regard des Fournitures & Logemens de gens de
Guerre, les ordres defdits Maire & Echevins feront fuivis, gardez
& exécutez, fans que lefdits Officiers puiffent les empêcher directement ni indirectement, fous quelque prétexte que ce foit : &
en cas de conteftation des demandes ci-deffus, condamner lesdits
Défendeurs ès dépens. Procés verbal fait pardevant le Sieur Com-
miffaire à ce député entre lefdites Parties, du 16. jour d'Octobre
dernier, portant que ledit Apointement de réglement feroit figné,
fans que les qualitez prifes par icelui puiffent nuire ni préjudicier
aufdites Parties, & fignifié le 19. enfuivant dudit mois d'Octobre:
Acte du 19. Avril 1522. par lequel l'Empereur Charles-Quint, à
la Réquête du Magiftrat de ladite Ville de Metz auroit révoqué
le Committimus, ou Franchifes accordées par Sa Majefté Imperiale
au nommé François de Gournay, Gentilhomme Habitant en icelle,
Officier de Sadite Majefté, de l'exemption de la Jurifdiction du
Magiftrat dudit Metz; Copie de Lettre de Cachet du défunt Roi
Henry III. adreffante aufdits Demandeurs, du 19. Septembre 1578.
par laquelle Sadite Majefté les a honnorez du Titre de très-chers
& grands amis; Lettres Patentes en forme d'Edit du défunt d'heu-
reufe mémoire Henry le grand, données en faveur defdits Demandeurs, du mois de Janvier 1597- Copie d'autres Lettres Patentes de Sa Majefté à préfent regnant, du mois d'Octobre 1610.
en forme d'Edit, confirmatives de celles ci-deffus, portant confirmation, aprobation & autorifation des privileges, droits, pouvoirs & autoritez attribuez aufdits Demandeurs; Copies d'Arrêts
du Confeil des 19. Décembre 1611. dernier Juillet 1612. & 21.
Octobre 1621 donnez en faveur defdits Demandeurs, concernans
leurs Privileges: Remontrances faites à Sa Majefte par lefdits Demandeurs le 20. Février 1575. 19. Mars 1576. & 26. Janvier
1599. contenant plufieurs Articles de remontrances & fupplica-

tions faites à Sa Majesté par lesdits Maire, Echevins & Habitans de ladite Ville de Metz ; Copie de Requête presentée à sa Majesté en son Conseil le 19. Avril 1579. par lesdits Demandeurs contre le nommé Jean Didier ; Ordonnance du Conseil sur icelle, portant que l'Ordonnance faite en son Conseil au profit dudit Didier, demeure nulle & de nul effet, comme préjudiciable aux droits & Jurisdictions desdits demandeurs, avec défenses de les mettre à exécution ; Lettre de Cachet de Sadite Majesté écrite auxdits Demendeurs, du 29. Mars 1587. Ordonnance faite par lesdits Demandeurs sur le Réglement des Piéces d'Or & autres Monnoyes, publiée en ladite Ville de Metz le 27. Janvier 1539. Acte de reception de foi, aveus & dénombrement rendus auxdits Demandeurs, par les y dénommez representans ladite Cité de Metz, du 13. May 1605. dernier Juin 1609. & 28. Juillet audit an 1609. Copie de Contrat de Vente faite par lesdits Deman-^t deurs, au nommé Pieresay de Serre, des Vignes & d'un pré qui avoient été confisquez au profit de ladite Cité de Metz, le 3. Novembre 1611. Extrait des Comptes rendus par les Receveurs Particuliers & Generaux de ladite Cité ès années 1628. 29. 30. 33. 34. & 38. Copie du Contrat fait en l'année mil cinq cens quinze entre les Doyen, Chanoines & Chapitre de l'Eglise Cathedrale de Metz d'un part, & lesdits Demandeurs d'autre, pour raison d'échange d'une Maison & autres choses y mentionnées, pour y tenir par lesdits Demandeurs les Audiances & Actes de Justice : Copie de Contrat d'acquisition d'une autre Maison faite par lesdits Demandeurs en l'an 1485. Copie d'autres Lettres de Cachet de Sa Majesté, adressantes auxdits Demandeurs du premier Juillet 1633. Copie de Bulle du Pape Honorius de l'an 9. de son Pontificat, par laquelle il est reconnu que l'Hôpital de ladite Ville auroit été bâti & construit sous le nom & titre de Saint Nicolas, par lesdits Demandeurs, fondé de leurs Maisons, de leurs Terres & de leurs propres Biens : Copie de donation faite par lesdits Demandeurs, d'un droit à eux apartenant audit Hôpital de l'an

1256. Copie du Réglement de certaine Maladrerie au Pays Meſſin, dépendant dudit Hôpital, fait le quatriéme jour de Mars 1414. par leſdits Demandeurs: Copie d'Arrêt du Parlement de Metz, du 17. Juillet dernier 1641. contradictoirement rendu, entre Antoine Gros-Mangin & Sebaſtien Pieton, Fermiers de la Maltôte de la Mercerie de Metz, Appellans d'une Sentence renduë par les ci-devant Treize dudit Metz le deuxiéme Janvier dernier d'une part, & Me. Jean Bachellé Receveur de ladite Ville Intimé d'autre, par laquelle entr'autres choſes il auroit été ordonné qu'à l'avenir lorſqu'il s'agiroit de délivrer les Fermes & Maltôtes, ainſi que de toutes autres de ladite Ville de Metz, elles feroient publiées à la diligence du Subſtitut du Procureur General de ladite Cour, ès Prônes des Egliſes Paroiſſiales, Affiches miſes eſdites Egliſes, les Encheres reçûës pardevant le Lieutenat General ou autres Officiers du Bailliage, & que les Adjudications d'icelles ſe feroient à ladite Cour: Copie d'autre Arrêt dudit Parlement de Metz, obtenu par leſdits Défendeurs ſur Requête par eux préſentée en icelui, du 26. dudit mois de Juillet dernier, par lequel il auroit été ordonné que leſdits Demandeurs ſoient aſſignez en icelui aux fins de ladite Requête, & cependant trés-expreſſes inhibitions à eux faites de s'entremettre en aucun Acte de Juriſdiction de la Police, ſoit par la preſtation de ſerment des Métiers, & autres Actes quels qu'ils ſoient, & de députer pour ce, à peine de mille livres d'amende & autres peines y contenuës. Edit de Sa Majeſté du Mois d'Août 1634. portant Création & Etabliſſement de cinq Bailliages & huit Prevôtez ès Villes de Metz, Toul & Verdun, & autres du reſſort de ladite Cour de Parlement de Metz, publié & regiſtré audit Parlement le 20. Février 1641. Jugement imprimé des Sieurs Commiſſaires députez par Sa Majeſté pour l'Etabliſſement du Bailliage & Siége Royal de Metz, du 13. Juin dernier 1641. par lequel inhibitions & défenſes auroient été faites auſdits Demandeurs de prendre qualité de Juges, ſoit de Police ou autres, que celle de Maître-Echevin, Echevins, ou de Maire & Conseillers de Ville ; comme aussi de prendre, sous quelque cause ou prétexte que ce soit, connoissance de la Police de ladite Ville, ni aucune autre Jurisdiction contentieuse, sur les peines portées par les Ordonnances, & d'interdiction de leurs Charges, s'il y échet ; défenses aux Maîtres & Six des Metiers de ladite Ville, & autres Habitans d'icelle, de prêter aucun serment pardevant eux concernant lesdits Métiers, moins encore de les reconnoître pour Juges & Officiers de Police, à peine de trois cens livres d'amende contre chacun des contrevenans, payable par corps pour la premiere fois, & de plus grande, même de punition corporelle pour la seconde fois, s'il y échet, ordonné que ledit Jugement seroit publié pendant l'Audiance du Bailliage, & affiché ès carfours & lieux publics de ladite Ville, pour être executé nonobstant opositions ou appellations quelconques & sans préjudice d'icelles. Copie du Contrat de cession & transport fait à Sa Majesté par le Sr. Cardinal de Lorraine, lors Gouverneur & Administrateur perpetuel de tout le revenu & temporel de l'Eveché de Metz, & Pays Messin, du mois de Janvier 1545. de ladite Cité de Metz, Hommes, Vassaux, Sujets, Jurisdictions, Droits de Monnoye, Dignitez, Privileges, Prérogatives, & toutes autres choses & droits apartenans audit Evêché, en & au dedans de ladite Cité de Metz, enclos & Banlieuë, sans rien en excepter ou reserver, aux charges & conditions y contenuës : Requête présentée par lesdits Défendeurs au Sr. Lieutenant Civil de Paris. Ordonnance d'icelui sur ladite Requête du 10. Septembre dernier, portant Certificat comme lui seul en ladite qualité a la connoissance de la Police en ladite Ville & Fauxbourgs, pour les poids, Mesures, alteration, défectuosité du Pain, & autres fonctions y contenuës. Extrait de l'Etat des gages attribuez ausdits Demandeurs, suivant l'Edit de Sa Majesté du mois d'Août 1634. Copie d'Arrêt du Conseil d'Etat du 7. Octobre 1634. & Copie d'Arrêt du Parlement de Metz du 4. Juillet précedent, faisant mention que Sa Majesté auroit fait don aux Particuliers y denommez, des Boutique & échopes étans du compris du Palais de Metz. Requête préſentée au Conſeil par Germain Roland Conſeiller de Sa Majeſté, Maître Enquêteur & General Réformateur des Eaux & Forêts du reſſort dudit Parlement de Metz: Caution de Michel du Gaſt, ſubrogé au lieu de Maître Nicolas Melicque, qui a traité de la Finance provenant des Offices des cinq Bailliages & huit Prevôtez du reſſort dudit Parlement de Metz, à ce qu'il plût à Sa Majeſté recevoir Partie intervenante en la préſente inſtance, pour y déduire ſes moyens d'intervention en ladite inſtance, il employe l'Edit de création deſdits cinq Bailliages & huit Prevôtez du mois d'Août 1634. & Déclaration du 12 Décembre 1640. & le contenu en ladite Requête, & condamner leſdits Demandeurs en tous les dommages interêts, & ès dépens de ladite inſtance d'intervention. Ordonnance du Conſeil ſur ladite Requête du 16. Novembre dernier 1641. par laquelle il eſt ordonné que ledit Roland Supliant eſt reçû Partie intervenante en ladite inſtance mentionnée en ladite Requête: Aête de l'emploi d'icelle pour moyens d'intervention & produêtion, & ſoit ſignifié & d'icelle baillé copie aux Avocats deſdits Demandeurs & Défendeurs le vingt-deuxéme enſuivant dudit mois de Novembre dernier: Copie d'Aête de Sommation faite audit Roland à la requête deſdits Défendeurs, à ce qu'il ait à leur garentir leurſdites Charges, prendre leur fait & cauſe, à peine de tous dépens, dommages & interêts; ſignifiée audit Roland le 23. d'Oêtobre précedent. Requête par leſdits Demandeurs préſentée au Conſeil, à ce que pour les raiſons y contenuës, il plaiſe à Sa Majeſté, nonobſtant & ſans avoir égard aux fins & concluſion de ladite Requête dudit Intervenant, dont il ſera débouté, en ce qui concerne leſdits Demandeurs, leur ajuger celles de leurs juſtes demandes, avec dépens, dommage & interêts, & leur donner Aête, que pour toute écriture contre la ſuſdite Requête d'intervention dudit Roland & moyens dont il ſe ſert en icelle, leſdits Demandeurs Suplians employent la pré-

sente Requête, avec ce qu'ils ont déja écrit & produit au Procès;
Ordonnance du Conseil sur icelle du 12. Décembre 1641. portant qu'il ait Acte de l'emploi, & au surplus en jugeant & soit
signifié, & d'icelle copie baillée à l'Avocat dudit Roland. Extrait
tiré d'un gros Livre & Régistre ancien, tiré des Archives de la
Tréforerie de la Ville & Cité de Metz, contenant les Actes faits
& écrits en icelui ès années 1315. premier Mardi d'Avril, portant entr'autres choses que les sept Parraiges de ladite Ville eurent
charge de faire & construire la Maison de Ville dudit Metz devant le Moûtier d'icelle: Copie de Contrat d'acquisition faite
par le Maître-Echevin lors de ladite Ville, d'une Maison proche
le Palais dudit lieu, qui apartenoit aux Doyen & Chapitre de
ladite Eglise Cathedrale de Metz, du 15. Janvier 1432. Copie
de Lettre de Cachet de Sa Majesté écrite & envoyée ausdits Demandeurs, du premier Juillet 1633. Copie d'Extraits de Cahiers
préfentez à Sa Majesté par les Gens des Trois-Ordres de ladite
Ville & Cité de Metz, répondus par Sadite Majesté le 12. Février
1614. Autre Lettre de Cachet de Sa Majesté ausdits Demandeurs,
du 22. Avril 1637. Signée, Bouthillier. Requête préfentée au
Conseil par lesdits Demandeurs, aux fins qu'il plût à Sa Majesté
leur permettre d'ajoûter à leur production lesdites Piéces & autres
ci-devant produites, icelles recevoir, pour icelles communiquées
& vûës en jugeant l'instance, y avoir tel égard que de raison.
Ordonnance du Conseil sur icelle du 14. dudit préfent mois de
Décembre 1641. portant, Soient lesdites Piéces reçûes & communiquées fans retardation du Jugement de l'instance; signi-
fiée & d'icelle baillé copie, ensemble desdites Piéces, à l'Avocat
desdits Défendeurs, le même jour 14. dudit préfent mois de Decembre; écritures, inventaires & production desdites Parties, &
tout ce que par icelles a été mis, écrit & produit pardevers le
Sieur de la Porte, Conseiller de Sa Majesté en ses Conseils, &
Maître des Requêtes ordinaire de son Hôtel, Commissaire à ce
député, oüi son raport, & tout confideré: LE ROI EN SON
CONSEIL

CONSEIL, faifant droit fur ladite inftance, a ordonné & ordonne, que fans avoir égard audit Arrêt du 9. Août dernier, les
Edit du mois d'Août 1634. & Déclaration du 12. Décembre 1640.
feront fuivis & exécutez de point en point, felon leur forme &
teneur; en ce faifant, veut & ordonne que lefdites Parties foient
refpectivement maintenuës ès fonctions, pouvoirs, droits, autoritez, prérogatives, prééminences, franchifes & libertez, fruits,
profits & émolumens qui leur apartiennent & leur font attribuez
par lefdits Edit & Déclaration : Sçavoir eft lefdits Maire & Echevins, au Régime & Gouvernement de la Maifon commune de
ladite Ville, dans laquelle ils feront à jours certains leurs Affemblées, pour y déliberer des chofes qui concerneront les affaires
de ladite Maifon commune ; Auront l'adminiftration des deniers
communs & d'octroy, emfemble de tous autres deniers, rentes
& revenus apartenans à ladite Ville, defquels les Receveurs feront
tenus de faire l'emploi fur les Mandemens & Ordonnances defdits
Maire & Echevins, pardevant lefquels les comptes defdits deniers,
rentes & revenus fe rendront annuellement, en la maniere accoûtumée : Feront lefdits Maire & Echevins tous les Baux à Ferme
des Terres, Maifons, Héritages, Moulins, droits defdites Maltôtes, & chofes femblables apartenans à ladite Ville, aux plus offrans
& derniers encheriffeurs, après plublications dûëment faites, fuivant les formes prefcrites par les Ordonnances: Auront lefdits
Maire & Echevins la connoiffance des réparations & refections
des Murailles, Portes & Ponts-levis de ladite Ville, des Ports,
Digues, Grilles & Ponts qui font fur les Rivieres de Seille & de
Mozelle, comme auffi des autres ouvrages publics, des Remparts,
Fortifications, Moulins, Foulons, Scieries, Forges, Maifons &
Edifices apartenans à ladite Ville, defquelles Réparations les mar-
chez feront faits après pareilles publications au rabais & moins
difant. Et en outre veut & ordonne Sa Majefté, que lefdits Maire
& Echevins foient confervez au Gouvernement & Adminiftration
des Biens, Rentes & Revenus de la Maifon-Dieu, apellée l'Hôpital

E

Saint Nicolas de Metz, desquels ils feront les Baux à Ferme, suivant les formes & en la maniere accoûtumée, & auront l'œil à ce que lesdites Rentes & Revenus soient bien & légitimement dispensez & employez suivant l'intention des Fondateurs, & sans aucun divertissement, & en feront les comptes rendus tous les ans, ainsi qu'il s'est observé jusques à présent, ausquels & à l'administration des affaires plus importantes dudit Hôpital, le Lieutenant General dudit Bailliage pourra assister & y tenir la premiere place, ensemble le Procureur de Sa Majesté, qui aura séance après le Maire. Auront aussi lesdits Maire & Echevins la connoissance des usurpations & enterprises que les Particuliers auront faites ou feront ci après sur les Ruës, Places publiques & sur lesdites Rivieres ; comme pareillement la charge de faire paver & curer lesdites Ruës & Places, ensemble les Canaux desdites Rivieres, & d'y contraindre les Habitans desquels les Maisons aboutissent, ainsi qu'il s'est de tout tems observé. Veut en outre Sa Majesté, que lesdits Maire & Echevins ayent la connoissance des Logemens & Fournitures qu'il conviendra faire, soit pour la Garnison ordinaire de ladite Ville, ou pour les Gens de Geurre qui y seront envoyez par Sadite Majesté, desquels Logemens & Fournitures elle a exempté & déchargé tant lesdits Maire & Echevins que les Officiers dudit Bailliage, avec défenses très-expresses à tous Fouriers, Maréchaux des Logis & tous autres, d'inquiéter pour ce sujet lesdits Officiers, à peine de désobéissance. Veut pareillement Sadite Majesté que lesdits Maire & Echevins ayent l'ordre & conduite de la Police sur les denrées qui arriveront aux Ports, & qui seront flotées ou voiturées sur lesdites Rivieres de Seille & de Mozelle, à l'instar des Prevôts des Marchands & Echevins de l'Hôtel de Ville de Paris ; Sçavoir, sur les Charbons, Houilles, Tuiles, Pailles, Foins, Bois de Marnage & de Chauffage, ausquelles denrées ils pourront, le cas y échéant, imposer les Taux, & ordonner de la vente & distribution d'icelles, suivant qu'ils le trouveront necessaire pour le bien commun de ladite Ville,

lefdits Maire & Echevins déboutez du furplus des fins & conclufions par eux prifes, avec défenfes de prendre qualité de Seigneurs
Hauts-Jufticiers dans ladite Ville & Banlieuë, à peine de faux des
Actes qui contiendront ladite qualité, & d'amande arbitraire. Et
au femblable, veut Sadite Majefté, conformément aufdits Edits
& Déclarations, que les Officiers dudit Bailliage & Siége Royal
établi dans ladite Ville de Metz, ayent la Jurifdiction & connoiffance de toutes matieres Civiles & Criminelles, Mixtes, Réelles
& Perfonnelles, qui interviendront entre fes Sujets Habitans de
ladite Ville, Pays Meffin, & autres lieux dépendans du reffort
dudit Bailliage, & des complaintes pour le poffeffoire des Benefices, enfemble des differens d'entre les Soldats & Bourgeois, &
de tous les autres cas dont la connoiffance eft attribuée aux Juges royaux, fans que pour faire le Procès defdits Soldats, lefdits
Officiers dudit Bailliage foient tenus de demander aucune permiffion aux Capitaines de la Garnifon, aufquels & à tous autres,
défenfes font faites de troubler lefdits Officiers en l'exécution de
leurs Decrets, Jugemens & Sentences, fous telles peines que de
raifon. Veut & ordonne Sa Majefté que lefdits Officiers du Bailliage exercent la Police ordinaire de ladite Ville, & qu'ils jugent
en dernier reffort jufques à foixante fols d'amende; & où il y
auroit lieu d'ajuger plus grande amende, ils auront le pouvoir
d'exécuter leurs Jugemens pour lefdits foixante fols par provifion,
nonobftant opofitions ou apellations quelconques, & fans préjudice d'icelles : Qu'ils ayent la connoiffance de tous Poids, Mefures, & de tous differens qui furviendront entre les Artifans pour
raifon de leurs Arts & Métiers; recevront les fermens des Maîtres & Jurez d'iceux, qui feront tenus de leur reprefenter les
Procès verbaux des vifitations qu'ils feront fur iceux, pour y
être pourvû par lefdits Officiers felon l'exigence du cas : Qu'ils
connoîtront en outre de tous Réglemens & Ordonnances de
Police concernans les Hôteliers & Cabaretiers de ladite Ville;
comme auffi de tous les vagabons, jeux & affemblées illicites &

E ij

36

contraires aux bonnes mœurs. Veut en outre Sadite Majefté,
que lefdits Officiers du Bailliage foient maintenus en tous les
Droits, Jurifdictions, Pouvoirs, Fruits, Profits & Emolumens qui
leur font attribuez par lefdits Edit & Déclaration, dont joüiffoient
ci-devant les Maîtres-Echevins & Treize de ladite Ville de Metz
auparavant la fupreffion d'iceux. Ordonne que lefdits Officiers
rendront la Juftice au public en une partie de l'Hotel de Ville,
jufques à ce qu'autrement il foit pourvû d'autre lieu plus com-
mode. Enjoignant aufdites Parties refpectivement de fe confor-
mer au préfent Arrêt, le garder & entretenir, défenfes d'y contrevenir, ains de vivre en telle correfpondance, que les Sujets
de Sa Majefté en reçoivent foulagement. Et fera le préfent Réglement régiftré & publié, tant au Siége dudit Bailliage que par
tout ailleurs où befoin fera. FAIT au Confeil d'Etat du Roi,
tenu à Paris le 19. jour de Décembre 1641. *Signé*, le RAGOIS,
avec Paraphe.

L OUIS par la grace de Dieu, Roi de France & de Navarre:
  Au premier des Huiffiers de notre Confeil, ou autre Huiffier
ou Sergent fur ce requis: Nous te mandons & commandons que
l'Arrêt dont l'Extrait eft ci-attaché fous le contre-Scel de notre
Chancellerie, ce-jourd'hui donné en notre Confeil d'Etat, entre
les Maire, Echevins & Communauté de la Ville de Metz, Demandeurs d'une part, & les Officiers tenans le Bailliage & Siége
Royal nouvellement établi audit Metz, Défendeurs d'autre, tu
fignifies à tous qu'il apartiendra, à ce qu'ils n'en prétendent caufe
d'ignorance, & fais pour l'exécution d'icelui, à la Requête defdits
Officiers, tous Commandemens, Sommations, Défenfes, & autres Actes & Exploits neceffaires, fans demander autre permiffion,
Car tel eft notre plaifir. Donné à Paris le 19. jour de Décembre,
l'an de grace 1641. & de notre Régne le trente-deuxiéme, *Signé*,
par le Roi en fon Confeil, le RAGOIS fcellé & contre-fcellé de
Cire jaune.

Lû & publié en l'Audiance dudit Bailliage, ce requerant le Procureur du Roi le quatorziéme jour de Janvier 1642.

TRANSACTION

PASSE'E ENTRE MESSIEURS DES Trois-Ordres, Maître-Echevin & Conseillers-Echevins de la Ville de Metz.

ET MESSIEURS DU BAILLIAGE de ladite Ville.

Du seiziéme Novembre 1650.

SUR les difficultez qui ont été ci-devant mûës entre Messieurs les Lieutenans & Conseillers du Bailliage de Metz d'une part : Et Messieurs les Maître-Echevin & Conseillers-Echevins de ladite Ville d'autre part : touchant l'exercice & fonctions de leurs Charges, & sur les differens qui eussent pû encore se mouvoir ci-après sur le même sujet comparurent pardevant les Notaires Royaux soussignez, Messieurs des Trois-Ordres de ladite Ville ci-après nommez : Sçavoir, Messire Simon de Thiolet, Chevalier, Maitre-Echevin dudit Metz, & Messieurs les venerables Jean Royer, Chanoine & grand Archidiacre de l'Eglise Cathedrale de Metz, & grand-Vicaire de l'Evêché de ladite Ville, François de la Goisle, Chanoine & Archidiacre de ladite Eglise, Charles de St. Jure, aussi Chanoine de ladite Eglise & Promoteur de la Cour Episcopale, Messire Nicolas de Roucel, Chevalier, Seigneur de Verneville, Messire Henry de

Gournay, Chevalier, Seigneur de Talange & de Con-fur-Seille, Meffire Jean Dauffi, Chevalier, Seigneur de Coutures, & Meffieurs Jean Poutet, paul Goffin, François Bancelin, Loüis Rolin, Bernard Jeoffroy, Jeanbon de Mont-berty, Jean Jenet, Philippes Vincent & Nicolas Auburtin, Echevins de l'Hôtel de Ville dudit Metz, Chriftophe Auburtin, Sindic de ladite Ville, Paul de Serrier, Ecuyer, Jean Bennelle, Jacques Coüet Sr. du Vivier, & Gafpard de Cornier d'une part : Et Meffieurs dudit Bailliage ci-après nommez; Sçavoir, Meffieurs Mathieu Jeoffroy, Confeiller du Roi, Lieutenant Criminel, Jean de Paulo auffi Confeiller du Roi, Lieutenant Particulier, Nicolas Martigny. Antoine Andry, François Labriet, Nicolas de Roufiere, Philibert Etienne, François Gauvin, Paul Joly, Charles Coüet Sieur de Vivier, Gedeon le Bachellé & Jean Platine, tous Confeillers audit Bailliage, Claude Panthaleon & Nicolas Conrard, Confeillers du Roi, & fes Avocats & Procureurs audit Siége, d'autre part. Lefquels pour réunir les Efprits en bonne intelligence, autant avantageufe au fervice du Roi que favorable au repos public, en aportant un ordre & Réglement certain aux fonctions de l'une & de l'autre defdites Compagnies, ont traité, accordé & tranfigé comme s'enfuit.

A Sçavoir, que lefdits Sieurs Maître-Echevin & Confeillers-Echevins joüiront paifiblement de la Jurifdiction Civile & Criminelle. Sçavoir, qu'ils jugeront de tous differens concernans les Droits & Deniers Domaniaux, & autres impofez & à impofer ci-après fur la Ville & Pays, connoîtront & jugeront des reductions & conteftations fur les Fermiers de ladite Ville, fans que lefdits Srs. Lieutenans & Confeillers dudit Bailliage en puiffent connoître, finon au cas qu'un tiers y auroit interêt, faifant paroître de fon Droit par Titre autentique, auquel cas la connoiffance en apartiendra aux deux Compagnies, qui jugeront conjointement des difficultez & opofitions qui fe pourront préfenter, ou par tels Commiffaires qu'ils voudront députer de part

& d'autre. Et pour ce qui eſt de la Juriſdiction Criminelle, que leſdits Sieurs Maître - Echevin & Conſeillers-Echevins exerceront toute Juriſdiction ſur leurs Officiers, Fermiers & Sous-Fermiers, pour les abus, malverſations & exactions qu'ils pourroient commettre en leurs Charges ſeulement, même ſur ceux qui feroient rebellion & excès contre leſdits Officiers ès fonctions de leurs Charges: comme auſſi ſur les Fermiers des Uſuines publiques & Maltôtes, en ce qui concerne les abus & malverſations ſeulement juſques à peine capitale, & de mort incluſivement, ſuivant & conformément aux Ordonnances.

Et quant à l'adminiſtration de la Police, a été accordé qu'elle ſe fera par leſdites Parties en commun, dans une Chambre dont ils conviendront, où les deux Corps s'aſſembleront tous les premiers Lundis de chaque mois, à une heure de relevée, & autres jours qu'il ſera trouvé à propos, pour y être faits les Taux & Réglemens neceſſaires pour ladite Police, & juger des contraventions; *Et feront les amendes apliquées aux neceſſitez de la Chambre de Police.* A l'effet dequoi les Viſites & Raports feront faits par les Officiers qui feront choiſis & députez en commun, ſans excluſion des autres, dans laquelle Chambre leſdits Sieurs Lieutenans & Conſeillers dudit Bailliage auront la droite: Et les Gens du Roi & le Sindic de la Ville feront les Concluſions & Réquiſitions neceſſaires; & tous les Jugemens & Sentences qui s'y rendront à la pluralité des voix retenuës par un Greffier, dont les Parties conviendront, & qui en tiendra Régiſtre, & feront intitulez, *De par le Roi, & les Officiers de la Chambre de la Police.* En conſideration & reconnoiſſance de tout ce que deſſus, leſdits Sieurs Officiers dudit Bailliage auront pour toûjours, en tous droits de propriété, la Bulette des promeſſes & obligations, & la Maltôte des meubles par forme d'engagement, du jour & datte des préſentes, icelle Maltôte rachetable au denier dix-huit, ſur le pied de neuf cens livres tournois, à une fois payer, de laquelle Maltôte ils joüiront par leurs mains ainſi que bon leur ſemblera, déchargée de toutes hypotéques, notamment de l'engagement fait fur icelle à défunt le Sieur George Feriet, que le Sieur Bachellé Receveur General de la Cité reprefente, à la charge néanmoins des années reftantes du Bail paffé de ladite Maltôte au profit des S. Chaumont & Chardin Huiffiers; & par ce moyen lefdits Sieurs Officiers du Bailliage fouffignez, ont quitté & quittent tous les arrerages des gages qu'ils euffent pû prétendre à l'encontre de la Ville. Et fi d'avanture quelques particuliers de l'un ou de l'autre defdits Corps refufoient de figner la préfente Tranfaction, & qu'ils vouluffent fe pourvoir à l'encontre d'icelle, lefdits deux Corps ont promis de fe joindre, & d'agir par tout où befoin fera, pour la faire fubfifter & entretenir contre les particuliers, renonçans auffi lefdits Sieurs Officiers du Bailliage fouffignez à toutes prétentions fur la Bullette de toutes fortes d'Acquifitions, *Se refervans néanmoins les fermens, droits, & établies des Arts & Métiers apartenans aux Sieurs Lieutenant General & Procureur du Roi; & generalement les autres droits utiles dont lefdits Sieurs du Bailliage jouiffent, en la poffeffion defquels ils demeureront paifibles, conformément à l'Etat joint à ladite Tranfaction:* Et refpectivement lefdits Sieurs Maître-Echevin & Confeillers-Echevins l'attribution particuliere de la Maifon de Ville fur les denrées qui fe voiturent, flottent & déchargent fur les Rivieres de Mozelle & de Seille, abus & malverfations qui fe pourroient commettre à cet égard, & les autres droits utiles dont ils jouiffent auffi, defquels ils demeureront en poffeffion. Promettans lefdites parties de bonne foi d'entretenir, exécuter & avoir pour agréable le contenu en la préfente Tranfaction, fans jamais y contrevenir directement ni indirectement, & renonçans à toutes chofes à ce contraires, *Etant expreffement accordé que lefdites parties conjointement pourfuivront l'homologation de ladite Tranfaction partout où befoin fera, aux frais néanmoins de ladite Ville, dans trois mois;* fans qu'il faffe befoin d'autre confentement plus exprès, que celui que lefdites Parties y ont donné & donnent par les préfentes. Fait & paffé audit Metz

ce

ce 16. jour du mois de Novembre 1650. & toutes les Parties ont
figné au bas de la minute des préfentes, demeurée pardevers le
fouffigné. *Signé*, JANSON. *Collationné.*

DECLARATION DES DROITS,
*Profits & Emolumens dont les Maître-Echevin,
Treize & Confeillers ont joüi avant l'établiffement
du Bailliage de Metz.*

PREMIEREMENT.

UN fol pour livre de la vente des Meubles par Etaux.
Six livres Meffines de toutes ventes de Meubles & Immeubles, pour tous droits d'Adjudication au-deffous de douze
cens livres, & de dix-huit livres, dite Monnoye pour les ventes qui excederont ladite fomme de douze cens livres.

Les établies des Métiers comme elles fe payoient d'ancienneté.

Vingt fols de chacune plainte en cas de crime.

Vingt fols pour les partages & appréciations.

Vingt fols pour les Requêtes qui concernent les droits des
Mineurs.

Les couteaux des Couteliers.

Les jambons dûs par les Bouchers, comme ils fouloient les payer
aux Treize.

L'huile des Huilliers.

Les gâteaux des Boulangers.

Les chapons des Poulaliers.

Les brochets des Pêcheurs.

Et fix derniers pour livre des prifées des Meubles, au cas qu'ils fe
trouveroient légitimement dûs.

F

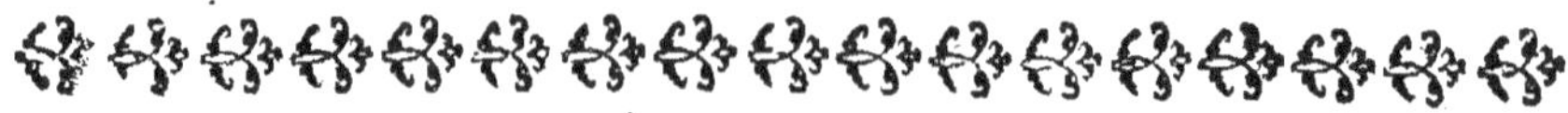

ARREST
DU CONSEIL D'ETAT DU ROI.

Du vingt-deuxiéme d'Octobre 1657.

SUr les Requêtes refpectivement préfentées au Roi étant en
fon Confeil, par les Officiers du Bailliage & Siége Royal de
de la Ville de Metz, & par les Gens des Trois-Ordres, Maître-
Echevin, Confeillers & Echevins de laditeVille.Celle des Officiers
du Bailliage, aux fins qu'il plût à Sa Majefté, fans avoir égard à
la tranfaction du 16. Novembre 1650. paffée entr'eux fur le fujet
de leurs differens, ni à tout ce qui s'en eft enfuivi, Ordonner que
les Edit de création & établiffement defdits Officiers du mois
d'Août 1634. Déclaration du 17. Septembre 1640. & Arrêts con-
tradictoires de fon Confeil des 19. Décembre 1641. premier Juillet
& huitiéme Août 1643. feront excéutez felon leur forme & teneur. Et ce faifant, que lefdits Officiers feront maintenus & gardez en toute la Jurifdiction Civile & Criminelle, & Police de
ladite Ville & Pays Meffin, pour connoître de tous les Procès &
differens concernans les rentes & revenus de l'Hôpital S. Nicolas,
des droits d'Aubaine, Desherence & confifcation, du crime de
fauffe Monnoye, billonnage, tranfports de billons & efpeces hors
le Royaume, du fait & taux des efpeces, même de celles fabri-
quées au Coin de ladite Ville, fans que lefdits Maître-Echevin &
Echevins d'icelle puiffent avoir aucune JurifdictionCivile &Crimi-
nelle fur les Rivieres de Seille & de Mozelle, ni de Police, finon ès
cas qui leur font attribuez par ledit Arrêt du 19. Décembre 1641.
avec défenfes de prendre la qualité de Hauts-Jufticiers, fur les
peines portées par icelui, Que lefdits Maître Echevin & Echevins

feront tenus laiffer aufdits Officiers deux Chambres du Palais apartenant à Sa Majefté, pour leur fervir de Chambre de Confeil &
de Parquet, leur abandonner la propriété des Bullettes, des Contrats d'acquifition d'Immeubles, avec reftitution de ce qu'ils en
ont reçû ou dû recevoir depuis ledit Arrêt du 8. Août 1643.
Que conformément aufdits Edit du mois d'Août 1634. & Déclaration du 17. Décembre 1640. il fera procedé tous les ans à l'E-
lection & Renouvellement defdits Maître-Echevin & Echevins, auf-
quelles Charges lefditsOfficiers pourront être apellez & choifis indif-
feremment. Que dans toutes les Affemblées publiques, cotifations,
auditions de comptes & autres Actes, le Procureur du Roi audit
Bailliage y fera apellé neceffairement, & en fon abfence ou légitime empêchement l'Avocat du Roi, fans qu'à l'avenir lefdits
Maître-Echevin & Echevins puiffent prétendre autres émolumens
pour les fonctions de leurs Charges, que fuivant & conformément
à la Déclaration du 16. Juin 1641. à peine de concuffion. Que
le Lieutenant General & Procureur du Roi audit Bailliage feront
maintenus & gardez au droit & pouvoir de recevoir les Jaugeurs
& Orfévres qui fe préfenteront pour être Maîtres. Et lorfqu'il
échéra de mettre un Géolier en poffeffion de la Charge de Concierge des prifons, le droit apartiendra au Lieutenant General;
comme auffi que les Amants créez par lefdits Maître-Echevin &
Echevins, prêteront le ferment à l'Audiance dudit Bailliage avant
qu'entrer en l'exercice de leurs Charges. Que lorfqu'il échéra de
convoquer les Etats Generaux du Royaume, ledit Lieutenant Ge-
ral préfidera dans l'Affemblée qui fe fera pour proceder à la
nomination des Députez, & partant les Lettres du Roi lui feront
adreffées. Que lefdits Maître-Echevin & Echevins feront condam-
nez rendre aufdits Officiers la fomme de douze cens livres qu'ils
ont payée de leurs deniers pour les frais des Députez aux Etats
Generaux convoquez à Tours & Orléans ès années 1649. & 1651.
& en outre leur payer la fomme de quarante-fept mille fept cens
trente livres tournois, pour leurs gages de cinq années & cinq

mois, échûs depuis le dernier de Février 1641. jufques au premier Octobre 1646. & les interêts defdites fommes.

La Requête defdits Trois-Ordres, Maître-Echevin, Confeillers & Echevins de ladite Ville de Metz, tendante à ce qu'il plût à Sadite Majefté ordonner que la Tranfaction du 16. Novembre 1650. foit exécutée en tous fes points felon fa forme & teneur. Que l'Hôtel de ladite Ville foit maintenu & gardé en la poffeffion & joüiffance de la Seigneurie du Ban apellé le Ban des Treize, avec la création des Maîres & Gens de Juftice ès lieux en dépendans, droits, profits & émolumens qui en peuvent provenir. fauf l'Apel defdits Maires & Gens de Juftice pardevant le Bailliage. Que ledit Hôtel de Ville foit maintenu & gardé en la poffeffion de pourvoir aux Offices de Jaugeurs, comme auffi en celle des Charges des Amants, qui prêteront le ferment en la Chambre dudit Hôtel de Ville en la maniere accoûtumée. Qu'à lui apartiendra la pleine & entiere Jurifdiction fur la Monnoye, & aux Trois-Ordres de faire les Tarifs des Monnoyes & efpeces, ainfi qu'ils l'ont pratiqué depuis l'établiffement du Parlement & du Bailliage, le Procureur du Roi apellé. Que les Marguilliers des Paroiffes feront maintenus & gardez au pouvoir d'aller les premiers aux Offrandes, Proceffions & autres Ceremonies, & de recevoir les premiers les droits honorifiques de l'Eglife, avec défenfes au Lieutenant General, Officiers du Bailliage, Gentilshommes & autres de les y troubler. Que ledit Hôtel de Ville foit maintenu & gardé en la pleine & entiere Jurifdiction fur les chofes concernans l'Hôpital Saint Nicolas de Metz, Officiers & Pauvres de la Maifon. Que pareillement il fera maintenu & gardé à l'inftar de l'Hôtel de Ville de Paris en toute Jurifdiction Civile & Criminelle fur les Rivieres, Fontaines & Ruiffeaux affluans en icelle, Rivages, Ports & Guets : Comme auffi fur les Officiers, Fermiers, Marchands, Voituriers, Bateliers, Chartiers, Porte-faix, Mûniers & autres Traficans, conduifans ou vendans marchandifes & denrées fur lefdites Rivieres, Ruiffeaux, Ports, Rivages & Guets ou y demeurans, enfemble fur les Bateaux, Arbres, Moulins, fur les marchandifes & denrées étans fur lefdites Rivieres, Ruiffeaux, Rivages, Ports & Guets, comme auffi fur toutes les chofes qui concernent la Police & le Commerce fur lefdits lieux, Differens, Traitez, Sociétez, & autres Actes en dépendans, & connoître des débats, querelles, délits & larcins qui fe commettent fur lefdites Rivieres, Ports, Guets, Rivages, Fontaines, Foffez, Remparts, Egouts, Atteliers publics, & en tout ce qui regarde la fourniture par Eaux de provifion de ladite Ville, & generalement de tous les autres droits dont la connoiffance apartient au Prevôt des Marchands & Echevins de l'Hôtel de Ville de Paris. Oüi fur ce le raport d'aucuns Srs. Confeillers ordinaires de fon Confeil, Commiffaires députez par Sa Majefté pour prendre connoiffance defdites Requêtes, Edits, Déclarations, Réglemens, Arrêts & autres piéces attachées à icelles, qui ont entendu les Parties à plufieurs & diverfes fois par leurs bouches, & tout confideré.

LE ROI ETANT EN SON CONSEIL, a ordonné & ordonne que la Tranfaction de l'année 1650. paffée entre les Parties, fera exécutée de tous points felon fa forme & teneur; & pour terminer tous les Procés & differens furvenus entre les Parties. *Veut Sa Majefté qu'au Lieutenant General & Procureur du Roi au Bailliage, apartienne la connoiffance des Arts & Métiers, & droits en dependans, ainfi qu'au paffé:* comme auffi au Bailliage celle du billonnage, tranfport d'argent & de la fauffe Monnoye, tant de celle qui fe fabrique au Coin de Sa Majefté que des Etrangers. Et pour tenir lieu de gages à tous les Officiers dudit Bailliage, Sa Majefté leur a permis & permet de prendre fur toutes les Caufes qui fe plaideront pardevant eux; fçavoir, trente fols pour celles qui feront de cinquante livres & au-deffus & quinze fols pour celles au-deffus de dix-livres jufques à ce qu'elle leur ait pourvû d'un autre fonds.

Veut & ordonne Sadite Majefté, que toute Jurifdiction & Police fur les Rivieres, Ports & Guets. Officiers, Gagne-derniers,

Marchands, marchandifes, denrées & dépendances, apartiennent aux Magiftrats de la Ville de Metz à l'inftar de celle de Paris, & au Bailliage ainfi qu'au Lieutenant Civil : comme auffi aufdits Magiftrats toute Jurifdiction du Domaine de l'Hôpital S. Nicolas de Metz, & fur les Officiers & Malades d'icelui, à la referve de toutes actions qui feront intentées enfuite d'Actes paffez pardevant Notaires ou Amants, lefquels Amants prêteront leur ferment à l'Hôtel de Ville ; & avant qu'exercer, feront régiftrer leurs Lettres aux Greffe dudit Bailliage. A maintenu & gardé lefdits Magiftrats en la poffeffion de pourvoir aux Offices de Jaugeurs, & qu'ils connoiffent & ayent Jurifdiction fur la Monnoye battuë au Coin de ladite Ville & fur les Officiers d'icelle : comme auffi que les Trois-Ordres faffent le Tarif & Réglement des Monnoyes ainfi que du paffé, & dépuis l'établiffement du Parlement &; du Bailliage, le Procureur du Roi apellé. Permet en outre Sadite Majefté aufdits Magiftrats de grace fpéciale, d'établir des Maires & Gens de Juftice ès Villages de S. Julien, Valliere & Vantou, Longeville, Scy, Vercly & Chazelle, & Territoire dépendant du Ban communément apellé des Treize, avec tous droits, profits & émulemens qui en peuvent provenir, lefquels connoîtront de tous Procès & differens comme au paffé, fauf l'apel audit Bailliage ; les autres Héritages de la Banlieuë avec la création des Officiers pour la garde d'iceux, demeurans aux Officiers dudit Bailliage ainfi qu'au paffé, & le Ban des Vendanges & Maître des Chemins à la Police Generale. Ordonne auffi Sadite Majefté, que les Echevins ou Marguilliers des Paroiffes précederont les Officiers dudit Bailliage, Gentilshommes & autres aux Offrandes, Proceffions & Ceremonies, & receveront les premiers les droits honorifiques de l'Eglife ; & fur le furplus des demendes, fins & conclufions des Parties, Sadite Majefté les a mis & met hors de Cour & de Procès. Fait au Confeil d'Etat du Roi, Sa Majefté y étant, tenu à Metz le vingt-deuxiéme jour d'Octobre 1657. DE LOMENIE.

47

REGLEMENT GENERAL ENTRE
les Officiers de la Ville de Metz, & les Echevins d'icelle.

Décembre 1657.

LOUIS par la grace de Dieu, Roi de France & de Navarre. A tous préfens & à venir, Salut. Lors de notre féjour en notre Ville de Metz, Nous avons été particulierement informez que les procès & differens d'entre les Officiers de notre Bailliage & les Gens des Trois-Ordres, Maître-Echevin, Confeillers & Echevins de notredite Ville, troubloient le calme & repos d'icelle; ce qui Nous auroit invité d'en prendre connoiffance ; & pour cet effet, Nous aurions renvoyé leurs Requêtes refpectives par-aucuns des Sieurs Confeillers ordinaires en notre Confeil, que Nous aurions commis & députez à ce faire ; lefquels après avoir vû & examiné lefdites Requêtes ; Edits, Déclarations, Réglemens Arrêts & autres Piéces attachées à ladite Requête, & entendu les Parties à plufieurs & diverfes fois par leurs bouches, fur le raport qu'ils Nous en auroient fait, Nous aurions rendu Arrêt en notre Confeil le 22. jour d'Octobre 1657. Voulant qu'il foit gardé & obfervé à l'avenir, & exécuté de tous points felon fa forme & teneur. POUR CES CAUSES & autres bonnes confidera-tions à ce Nous mouvans, & au defir de notredit Arrêt, Nous avons dit & déclaré, & par ces préfentes fignées de notre main, difons & déclarons. Voulons & Nous plaît, que la Tranfaction de l'année 1650. paffée entre les Parties, foit exécutée felon fa forme & teneur. Et pour terminer tous les autres Pro-cès & differens furvenus entr'elles ; *Voulons & ordonnons qu'à notre Lieutenant General, & à notre Procureur audit Bailliage, apar-*

tienne la connoiſſance des Arts & Métiers, & droits en dependans,
ainſi qu'au paſſé; comme auſſi au Bailliage celle du billonnage,
tranſport d'argent & de la fauſſe Monnoye, tant de celle qui ſe
fabrique à notre Coin, que des Etrangers. Et pour tenir lieu de
gages à tous nos Officiers dudit Bailliage, Nous leur avons permis & permettons de prendre ſur toutes les Cauſes qui ſe plaideront pardevant eux: Sçavoir, trente ſols pour celles qui ſeront
de cinquante livres & au-deſſus, & quinze ſols pour celles au-
deſſus de dix livres, juſques à ce que Nous leur ayons pourvû
d'un autre fonds. Voulons & ordonnons en outre que toute Juriſdiction & Police ſur les Rivieres, Ports & Guets, Officiers,
Fermiers, Gagne-derniers, Marchands, Marchandiſes, denrées &
dépendances, apartienne aux Magiſtrats de notre-dite Ville de
Metz à l'inſtar de celle de Paris, & au Bailliage, ainſi qu'au
Lieutenant Civil; comme auſſi auſdits Magiſtrats toute Juriſdiction du Domaine de l'Hôpital St. Nicolas de Metz, & ſur les
Officiers & Malades d'icelui, à la reſerve de toutes actions intentées enſuite d'Actes paſſez pardevant Notaires ou Amants, leſquels Amants prêteront leur ſerment à l'Hôtel de Ville dudit
Metz; & avant qu'exercer, feront régiſtrer leurs Lettres au Greffe
dudit Bailliage. Maintenons & gardons auſſi leſdits Magiſtrats
en la poſſeſſion de pourvoir aux Offices de Jaugeurs. Voulons
qu'ils connoiſſent & ayent Juriſdiction ſur la Monnoye battuë au
Coin de ladite Ville & ſur les Officiers d'icelle; comme auſſi que
les Trois-Ordres feront le Tarif & Réglement des Monnoyes ainſi
qu'au paſſé, & depuis l'établiſſement de notre Parlement & Bailliage, notre Procureur apellé. Permettons en outre auſdits Magiſtrats, de grace ſpéciale d'établir des Maires & Gens de Juſtice
ès Villages de St. Julien, Vailliere & Vantou; Longeville, Scy,
Vercly & Chazelle, & Territoire dépendant du Ban communément apellé des Treize, avec tous droits, profits & émolumens
qui en peuvent provenir, leſquels connoîtront de tous les Procès & differens comme au paſſé, ſauf l'Apel à notredit Bailliage.

Les

Les autres Héritages de la Banlieuë avec la création des Officiers pour la garde d'iceux, demeureront aux Officiers de notredit Bailliage ainſi qu'au paſſé, & le Ban des Vendanges & Maîtres des Chemins à la Police Generale. Ordonnons auſſi que les Echevins ou Marguilliers des Paroiſſes précederont les Officiers dudit Bailliage, Gentilshommes & autres aux Offrandes, Proceſſions & Ceremonies, & receveront les premiers les droits honorifiques de l'Egliſe : Et ſur le ſurplus des demandes, fins & concluſions des Parties, Nous les avons mis & mettons hors de Cour & de Procès. Si Donnons en Mandement à nos amez & féaux Conſeillers les Gens tenans notre Cour de Parlement de Metz, féant préſentement à Toul, que notre préſente Déclaration & Réglement ci-attaché ſous le contre-Scel de notre Chancellerie, ils ayent à faire lire, publier & régiſtrer purement & ſimplement, ſans aucune modification, garder & entretenir, ſans permettre qu'il y ſoit contrevenu en aucune ſorte & maniere, & par qui que ce ſoit. Car tel eſt notre plaiſir. Et afin que ce ſoit choſe ferme & ſtable à toûjours, Nous avons fait mettre notre Scel à ceſdites préſentes, ſauf entr'autres choſes notre droit, & l'autruy en toutes. Donné à Paris au mois de Décembre, l'an de Grace mil ſix cens cinquante-ſept, & de notre Régne le quinziéme. *Signé*, LOUIS. Par le Roi, DE LOMENIE.

EXTRAIT DES REGISTRES
de Parlement.

Du ſeptiéme May 1658.

VEU par la Cour, les Requêtes préſentées par les Officiers du Bailliage & Siége Royal de Metz, & les Maître-Echevin & Gens des Trois-Ordres de ladite Ville, à ce qu'il plût à ladite Cour ordonner que l'Arrêt du Conseil d'Etat du Roi du 22. Octobre dernier, servant de Réglement entre lesdits Officiers Maître-Echevin & Echevins, sera lû, publié & régistré, pour être exécuté selon sa forme & teneur ledit Arrêt, par lequel auroit été ordonné que certaine Transaction passée entre lesdites Parties en l'année 1650. seroit exécutée ; & pour terminer tous les Procès & differens survenus entre lesdites Parties, SA MAJESTE' veut & entend qu'au Lieutenant General & Procureur du Roi audit Bailliage, apartienne la connoissance des Arts & Mêtiers, & droits en dépendans ainsi que du passé ; comme aussi au Bailliage, celle de Billonnage, transport d'Argent & fausses Monnoyes, tant celles qui se fabriquent au Coin du Roi que des Etrangers ; & pour tenir lieu de gages à tous les Officiers dudit Bailliage, Sa Majesté leur a permis de prendre sur toutes les Causes qui se plaideront pardevant eux ; Sçavoir, trente Sols pour celles qui seront de cinquante livres & au-dessus & quinze sols pour celles au-dessus de dix livres, jusques à ce qu'elle leur ait pourvû d'un autre fonds. Ordonne que toute Jurisdiction & Police sur les Rivieres, Ports & Guets, Officiers, Fermiers, Gagne-deniers, Marchands, marchandises, denrées & dépendances, apartiendra aux Magistrats de ladite Ville de Metz, à l'instar de celle de Paris, & au Bailliage ainsi qu'au Lieutenant Civil, comme aussi ausdits Magistrats toute Jurisdiction du Domaine de l'Hôpital Saint Nicolas, sur les Officiers & Malades d'icelui, à la reserve de toutes actions qui seront intentées ensuite d'Actes passez pardevant Notaires & Amants, lesquels Amants prêteront le serment en l'Hôtel de Ville ; & avant qu'exercer, feront régistrer leurs Lettres au Greffe dudit Bailliage : lesdits Magistrats maintenus & gardez en la possession de pourvoir aux Offices de Jaugeurs, avec la connoissance & Jurisdiction sur la Monnoye battuë au Coin de la Ville, & sur les Officiers d'icelle : Que les Trois Ordres feront le Tarif & Réglement des Monnoyes ainsi que du passé, & depuis l'établissement de ladite Cour & du Bailliage, le Procureur du Roi apellé. Permet Sadite Majesté ausdits Magiſtrats, de grace ſpéciale, d'établir des Maires & Gens de Juſtice ès Villages de Saint Julien, Valliere & Vantou, Longeville, Scy, Vercly, Chazelle, & Territoires dépendans du Ban communément apellé des Treize, avec tous droits, profits & émolumens qui en peuvent provenir; leſquels connoîtront de tous Procès & differens comme du paſſé, ſauf l'Apel audit Bailliage; les autres Héritages de la Banlieuë, avec la création des Officiers pour la garde d'iceux, demeurans aux Officiers dudit Bailliage ainſi que du paſſé: Et le Ban des Vendanges & Maîtres des Chemins à la Police Generale. Ordonne que les Echevins ou Marguilliers des Paroiſſes précedronr les Officiers dudit Bailliage, Gentilshommes & autres, aux Offrandes, Proceſſions & Ceremonies & recevront les premiers les droits honorifiques dans l'Egliſe; & ſur le ſurplus des demandes fins & concluſions deſdites Parties, hors de Cour & de Procès: Lettres Patentes du Roi données à Paris au mois de Décembre dernier en exécution dudit Arrêt, & conformes à icelui; ladite Tranſaction, Concluſions du Procureur General du Roi; Tout conſideré. LA COUR a ordonné & ordonne, que très-humbles Remontrances ſeront faites au Roi ſur la conſequence deſdites Lettres & Réglement, & maniere d'aſſembler les Trois-Ordres de la Ville de Metz, & cependant néanmoins qu'elles ſeront lûës, publiées & régiſtrées, pour être exécutées par forme de proviſion ſeulement, & juſques à ce que leſdites Remontrances ayent été faites, à la charge que les Officiers dudit Bailliage ne pourront lever le droit à eux accordé pour les Cauſes au-deſſous de vingt livres tournois, & depuis ladite ſomme juſques à ſoixante livres tournois, que quinze ſols ſeulement; & au-deſſus de ſoixante liv. vingt-cinq ſols, & que ledit droit ne ſera levé qu'une fois, ſans qu'il puiſſe être pris aucune choſe pour le rapel des Cauſes incidentes ou interventions qui ſe formeront, & que les Officiers de l'Hôtel de Ville ne pourront faire aucune levée de deniers ſur les Habitans de ladite Ville & Pays Meſſin, ſans Lettres Patentes ou permiſſion de ladite Cour, excepté pour les quartiers d'hyver, contributions, subsistance des Gens de Guerre, qui se feront en la maniere accoûtumée, à la charge d'en rendre compte en l'Hôtel de Ville, en présence du Procureur du Roi; & que les Apellations qui seront interjettées, soit en matiere de surtaux ou autrement, seront relevées en la Cour: que lesdits Officiers de l'Hôtel de Ville & Gens des Trois-Ordres ne joüiront du droit de battre Monnoye que par provision, jusques à ce qu'autrement en ait été ordonné par le Roi sur les Remontrances qui lui seront faites du préjudice que ledit Article fait aux droits de sa Souveraineté. Enjoint ausdits Officiers & Gens des Trois-Ordres, d'envoyer dans quinzaine au Greffe de ladite Cour, les Titres en vertu desquels ils prétendent joüir dudit droit, ou copie autentique d'iceux, & à la charge de faire mettre sur la Monnoye qu'ils fabriqueront ci-après les Armes de France, à l'endroit où ils mettoient celles de l'Empire, sauf à mettre les Armes de ladite Ville où se mettent en autre Monnoye les Armes du lieu de la fabrique; & ne pourront faire publier ni exécuter le Tarif qu'ils feront de la Monnoye, qu'après l'avoir envoyé & fait enrégistrer en la Cour, & à la charge de l'Apel, si aucun est interjetté de leurs Jugemens. FAIT au Parlement de Metz séant à Toul, le septiéme May mil six cens cinquante-huit. *Collationné. Signé,* BOUCHARD.

TRANSACTION ENTRE MESSIEURS
les Lieutenans & Conseillers du Bailliage de Metz.

ET MESSIEURS LES MAISTRE-
Echevin & Conseillers-Echevins de ladite Ville.

Pardevant les Notaires Royaux établis à Metz & y résidans soussignez, furent présens en leurs personnes Monsieur Maître Philibert Etienne, Seigneur d'Augny, Conseiller du Roi en ses

Conseils, Lieutenant General au Bailliage dudit Metz, Messieurs Maîtres Mathieu Geoffroy, Conseiller du Roi, Lieutenant Criminel, Mathias de Paulo, Conseiller du Roi. Lieutenant Particulier, André Marsal, Assesseur Civil & Criminel, Antoine Andry, Charles Sertorius, François Labriet, Nicolas de Rouzieres, François Gauvain, Charles Coüet Sieur du Vivier, Gedeon le Bachellé, André Persod, Dominique Harquel, Garde des Sceaux, Jean François, Barthelemy Morel, Vincent Mamiel, tous Conseillers audit Bailliage, Jean-Loüis Poutet, & Jean Poutet, Conseillers du Roi, & ses Avocat & Procureur audit Siége d'une part ; Et Messire Thomas de Berard, Chevalier, Seigneur de la Grillonniere & de Sorbé, Maréchal de Bataille ès Armées du Roi, & Maître-Echevin de ladite Ville de Metz, Messieurs Philippe Vincent, Philippe d'Armene, Pantaleon Durand, Samuël Du Clos, Jean Maguin, Jean-Claude Herbelet, Jean Alion, Jacob le Duchat, Paul le Bachellé, Philippe Auburtin, tous Conseillers-Echevins de ladite Ville de Metz, & Christophe Auburtin Avocat en Parlement, & Sindic de ladite Ville d'autre part : lesquels ont déclaré qu'étant survenu entr'eux quelques difficultez sur l'exécution & interpretation de l'Arrêt du Conseil d'Etat de Sa Majesté en forme de Réglement, rendu contradictoirement entre les Parties le 22. Octobre 1657. par lequel entr'autres choses, Sa Majesté permet ausdits Sieurs Maître-Echevin & Conseillers-Echevins d'établir des Maires & Gens de Justice ès Villages de Saint Julien, Valliere, Vantou, Longeville, Scy, Vercly, Chazelle, & Territoires dépendans du Ban communément apellé des Treize, avec tous droits, profits & émolumens qui en peuvent provenir, lesquels connoîtront de tous les Procès & differens comme du passé, sauf l'Apel audit Bailliage, les autres Héritages de la Banlieüe, avec la création des Officiers pour la garde d'iceux, demeurans ausdits Sieurs Lieutenans & Conseillers du Bailliage ; prétendans lesdits Sieurs Lieutenans & Conseillers, que parledit Arrêt lesdits Sieurs Maître-Echevin & Conseillers-Echevins ne peuvent avoir aucun droit d'établir des Maires & Gens de Juſtice, ſinon eſdits Villages de S. Julien, Valliere & autres ci-devant nommez, & Territoire du Ban des Treize qui dépend deſdits Villages, & que le ſurplus dudit Ban des Treize qui ne dépend point deſdits Villages, doit apartenir auſdits Sieurs Lieutenans & Conſeillers du Bailliage en tous droits de Haute Juſtice, profits & émolumens, comme compoſant la Banlieuë à eux adjugée par ledit Arrêt. Et comme les Parties déſirent terminer à l'amiable leurs differens, & entretenir l'union & la correſpondance qui doit être entre les deux Corps pour le bien & repos public; après avoir concerté pluſieurs fois des moyens d'accommodemens par Commiſſaires députez d'iceux, ils ſont unanimement demeurez d'accords des conditions ſuivantes. Sçavoir, que leſdits Sieurs Lieutenans & Conſeillers ont conſenti qu'en exécution dudit Arrêt du 22. Octobre 1657. & des Cahiers répondus par Sa Majeſté le 24. Septembre 1660. leſdits Sieurs Maître-Echevin, & Conſeillers-Echevins, & leurs Succeſſeurs auſdits noms, puiſſent établir des Maires & Gens de Juſtice, non ſeulement dans leſdits Villages de S. Julien, Valliere, Vantou, Longeville, Scy, Chazelle, Ban de Vercly, & Territoire du Ban des Treize qui en dépend, mais auſſi dans les Bans & Quartiers d'outre Seille, Pont Raimond entre deux Ruits, Chambierre, devant les Ponts, Dalle, & generalement dans toute l'étendue qui a compoſé ci-devant ou compoſe préſentement le Ban des Treize, ſans en rien excepter, avec tous droits, profits & émolumens qui en peuvent provenir, leſquels Maires & Gens de Juſtice connoîtront de tous Procès & differens Civils & Criminels, de même que les Maires & Gens de Juſtice des Seigneurs Hauts-Juſticiers du Pays Meſſin, ſauf l'Apel audit Bailliage; étant néanmoins très-expreſſément accordé qu'ils ſeront obligez de tenir leur Séance hors de la Ville, aux lieux qui leur ſeront déſignez par leſdits Sieurs Maître-Echevin & Echevins, ſans pouvoir faire aucuns Actes de Juriſdiction dans ladite Ville, à peine de nullité, & que tous les Exploits, Aſſignations & Ajournemens qui ſe don-

neront pardevant lefdits Maires & Gens de Juftice dans la Ville
aux Habitans dudit Metz, qui auront quelque difficulté, feront
faits par les Sergens defdits Maires & Gens de Juftice, à l'affiftance
d'un Huiffier dudit Bailliage ou Sergent Royal, à condition que
les deux ne prendront leur droit que pour un. Et parce qu'il eft
néceffaire pour faire lefdits Exploits dans ladite Ville, de prendre
Pareatis dudit Sieur Lieutenant General, a auffi été accordé que
les Parties qui auront Procès devant lefdits Maires & Gens de
Juftice, ne feront obligées en chacune Caufe & Procès que de
le prendre une feule fois au commencement de la procedure,
& vaudra pour toute la fuite & inftruction d'icelle jufques à Sentence définitive inclufivement, après laquelle renduë, les Parties
qui s'en voudront aider & la faire exécuter, feront encore tenuës
prendre un autre pareatis dudit Sieur Lieutenant General, pour
chacun defquels Pareatis ne fera donné que cinq fols, en cas que
la condamnation ne foit que de foixante fols & au-deffous; &
pour chofe excédante foixante fols, le droits defdits Pareatis fe
prendra à l'ordinaire. Et en confequence du préfent accord, le
Jugement rendu audit Bailliage le
portant decret de prife de corps contre lefdits Maires & Gens de
Juftice, enfemble l'apellation qui en a été interjettée, demeureront comme non avenus. Et au furplus ledit Arrêt du 22. Octobre 1657. en ce qui concerne le Réglement fait entre les Parties,
fera exécuté felon fa forme & teneur. Et d'autant qu'il eft auffi
arrivé difficulté entre lefdites deux Compagnies au fujet du nommé François Bazenne, foi difant Jaugeur, lefdits Sieurs Lieutenans & Confeillers ont confenti que la connoiffance du Procès
concernant ledit Bazenne & tous autres, pour le fait de la Jauge
feulement, demeure aufdits Sieurs Maître Echevin & Echevins,
comme étant de leur attribution. Promettant lefdites Parties d'ob-
ferver, accomplir & exécuter de bonne foi les préfentes, fous
l'obligation refpective de tous leurs biens préfens & futurs. Fait
& paffé audit Metz le dix-huitiéme Janvier mil fix cens foixante-

56

quatre, avant midi, & ont figné fur la Minutte demeurée vers
Bardot l'un defdits Notaires.

BERTRAND, Notaire Royal. BARDOT.

TRANSACTION PASSÉE ENTRE
*Meffieurs les Lieutenant General & Procureur
du Roi de Police de la Ville de Metz, Demandeurs.*

ET MESSIEURS LES MAITRE-ECHEVIN,
Confeillers - Echevins & Procureur du Roi de la
même Ville, Défendeurs.

Du 27 Février mil fept cens deux.

PARDEVANT les Notaires Royaux établis à Metz & y
réfidans fouffignez, furent préfens Monfieur Maître Pierre-
Philippe Pantaleon, Confeiller du Roi, Préfident, Lieutenant
General au Bailliage, Siége Royal & Préfidial, Lieutenant General de Police à Metz, & Me. Jean Aubry Procureur du Roi
audit Siége & de ladite Police, demeurans en cette Ville d'une
part ; Et Meffire Pierre Deriffan, Chevalier, Seigneur de Lue,
Colombé & autres lieux, Confeiller du Roi, Bailly & Maître-
Echevin de Metz ; Et Maître Erançois Georgin, Seigneur de
Mardigny, Confeiller du Roi, & fon Procureur de ladite Ville
procedans tant pour eux que pour les Echevins, Magiftrats de
l'Hôtel de Ville dudit Metz, en exécution du Réfultat de la
Chambre de Ville du vingt-neuviéme Décembre mil fept cens un,
joint & annexé à la Minutte des Préfentes, après qu'il a été paraphé
des

57

des Parties & defdits Notaires, *Ne varietur*, d'autre part: Lefquels ont dit qu'étans en difficulté au fujet de ce que lefdits Sieurs Maître Echevin, Confeillers-Echevins & procureur du Roi de la Ville troubloient lefdits Sieurs de Police dans les fonctions de leurs Charges, foit en caffant & annullant les Ordonnances de Police, ou en faifant afficher d'autres concurremment avec eux; lefdits, Sieurs Lieutenant General, Procureur du Roi, & le Greffier de Police auroient préfenté leur Requête au Confeil vers le mois de Novembre de l'année mil fept cens, à ce qu'il plût à Sa Majefté ordonner que les Edits des mois d'Octobre & Novembre mil fix cens quatre-vingt-dix-neuf, & Arrêt du Confeil mil fept cens fuffent exécutez; ce faifant, caffer les Ordonnances de l'Hôtel de Ville du vingt-quatre Septembre mil fept cens, avec défenfes d'en faire à l'avenir de femblables pour le fait de la Police: Cette Requête ayant été renvoyée à Monfieur l'Intendant, pour recevoir les conteftations des Parties fur leurs demandes & prétentions refpectives, elles auroient procedé pardevant lui, en telle forte que par le Procès-Verbal, lefdits Sieurs de Police auroient formé dix-neuf Chefs de demandes.

I. A ce que défenfes foient faites aux Officiers de Ville de rendre à l'avenir aucunes Ordonnances contre celles defdits Sieurs de Police, à peine de cinq cens livres d'amende; que celles renduës les 7. 8. 14. Janvier, 8. & 31. Décembre 1700. & 1701. foient caffées, avec défenfes de les mettre à exécution, fauf à fe pourvoir contre les Ordonnances de Police par les voyes de Droit.

II. Qu'ils exerceroient la Police dans la Ville de Metz & la Banlieuë, avec défenfes aux Officiers de l'Hôtel de Ville de les y troubler.

III. Que le Ban des Vendanges, la Taxe des Voitures feroient faites par ledit Sieur Lieutenant General de Police & Procureur du Roi; Et défenfes aux Officiers du Bailliage & de l'Hôtel de Ville de plus rendre à l'avenir aucunes Ordonnances à ce fujet, à peine de mille livres d'amende,

H

IV. Que la Taxe des gros Fruits feroit faite par le Lieutenant General de Police, après avoir oüi le Procureur du Roi, & qu'à cet effet le Receveur des Coupillons feroit tenu de remettre au Greffe de Police tous les Régiftres concernans la Taxe des gros Fruits, avec défenfe à lui d'en délivrer aucuns Extraits, qui feroient délivrez à l'avenir par le Greffier de Police feul.

V. Que le Lieutenant General de Police & Procureur du Roi feroient feuls l'Etallonnage des Mefures & Balances ; à l'effet dequoi, que les Poids & les Mefures Matrices feroient remifes au Greffe de la Police, avec défenfes à toutes perfonnes de s'immifcer dans les fonctions dudit Etallonnage, fous les mêmes peines.

VI. Que les Mefures dont fe fervent les Jaugeurs de Vins feroient étallonnés par le Lieutenant de Police, pardevant lequel ils prêteroient ferment, avec défenfes aux Officiers de l'Hôtel de Ville d'en plus établir à l'avenir.

VII. Que la Taxe des Vins d'Efpagne, Mufcats & Etrangers, feroit faite par le Lieutenant General de Police, fans qu'à l'avenir les Officiers de l'Hôtel de Ville puiffent l'y troubler, ni y avoir aucune infpection à cet égard.

VIII. Que toutes les Fayances & Verreries qui viendroient à Metz, ne pourroient être expofées en vente fans la permiffion dudit Lieutenant General de Police, avec défenfes aux Officiers de l'Hôtel de Ville d'en plus donner à l'avenir, ni recevoir aucuns droits pour cet effet.

IX. Que la Permiffion des Etaux des Bouchers & Artifans feroit donnée par le Lieutenant General de Police, avec pareilles défenfes aux Officiers de Ville d'en plus donner à l'avenir.

X. Que la Taxe des Bois de Chauffage & Marnage feroit faite par ledit Lieutenant General de Police, lorfqu'il feroit déchargé à terre, & qu'il ne feroit plus dans les Bateaux.

XI. Que le Lieutenant General de Police donneroit la permiffion de mettre la Nappe, comme étant un fait de Police, avec défenfe à l'Hôtel de Ville d'en plus donner à l'avenir.

XII. Que le Lieutenant General de Police feroit l'Adjudication des Lanternes, & que sur les Fonds déstinez, les Receveurs de la Ville feroient tenus de payer les dépenses qu'il conviendroit faire pour leur entretien, & les dépenses imprevûës sur le Réglement qui en seroit fait par ledit Lieutenant General de Police.

XIII. Que lefdits Receveurs feroient tenus de rendre compte pardevant lui du Fonds destiné pour les Lanternes.

XIV. Que ledit Lieutenant General de Police donneroit la Permiffion aux Comédiens, Joüeurs de Marionnettes, Operateurs & autres Gens de cette nature, sans être obligé de se pourvoir à l'Hôtel de Ville.

XV. Que les anciens Régiftres de la Police feroient remis au Greffe de la Police, avec injonction à la Veuve Bardot & autres de les y dépofer, à peine d'y être contraints par Corps.

XVI. Que les Confeings des Portes, Archers du Bureau des Pauvres & tous autres, feroient obligez d'obéïr aux Ordonnances & Mandemens du Lieutenant General de Police, chacun en ce qui les concerneroit.

XVII. Que le Lieutenant General de Police exerceroit la Police dans les Moulins & autres Ufines de la Ville.

XVIII. Qu'il donneroit Permiffion aux Tripiers d'étaler aux coins des Ruës.

XIX. Et que les Officiers de l'Hôtel de Ville ne pourroient faire aucuns Logemens ni Délogemens de Gens de Guerre, sans y appeller le Lieutenant General de Police, ou en son abfence, le Procureur du Roi, lequel parapheroit lefdits Billets, auroit infpection fur les Logemens, & connoîtroit des conteftations qui interviendroient à ce fujet: Sur lefquels Chefs de démandes, lefdits Sieurs de l'Hôtel de Ville auroient fourni des défenfes, & lefd. Sieurs de Police de foutennemens; en telle forte qu'étans fur le point d'evoyer leurs Piéces au Confeil pour faire juger lefd. difficultez, lefdites Parties par l'entremife & de l'avis de Monfeigneur le Premier Préfident, Monfeigneur l'Intendant, Monfieur le Procureur General, Monſieur le Duchat de Hey, & Monſieur de Rocherau de Hauteville, Conſeillers en la Cour, qui ont vû & examiné leſdites Piéces, & le Raport que leur en a fait Mondit Sieur le Ducat, & pour maintenir la paix & l'union qui doit régner entre des Perſonnes de leur Caractere; ont traité, compoſé ſur toutes leſdites difficultez en la forme & maniere que s'enſuit. SÇAVOIR, qu'il eſt convenu & arrêté.

PREMIEREMENT.

Que lorſque les Officiers de Police & de l'Hôtel de Ville auront rendu quelques Ordonnances, ils ne pourront en rendre de contraires, ni prononcer par caſſation d'icelles, mais ſe pourvoiront par les voyes de Droit.

II. Que le Lieutenant General de Police exercera la Police dans la Banliëuë de la Ville, à l'exception néanmoins de la Police Champêtre, laquelle reſtera aux Officiers de l'Hôtel de Ville, qui recevront la Preſtation des Sermens des Maires & Bangardes, ordonneront de ladite Police Champêtre, tel qu'eſt le relevement des Foſſez, nettoyement des Chenilles & autre Police Rurale, & jugeront les Contraventions & Amendes à cet égard.

III. Que le Ban des Vendanges, la Taxe des Vins & Voitures ſeront faites dans la Chambre de Police, dans laquelle ſeront convoquez par le Lieutenant General de Police, les Officiers du Bailliage & de l'Hôtel de Ville, enſemble les Procureurs du Roi, du Préſidial & de la Ville, pour à la pluralité des voix, être leſdits Bans & Taxes déterminez ſur les requiſitions du Procureur du Roi de Police, après que la viſite des Vignes aura été faite par les Officiers & Commiſſaires de Police, aſſiſtez des Maîtres des Chemins.

IV. A l'égard de la Taxe des gros Fruits de la Saint Martin, il en ſera uſé comme du paſſé, & les Extraits déliyrez par le Receveur des Coupillons.

V. Que l'Etallonnage des Mesures sera faite dans l'Hôpital Saint Nicolas, par une personne qui sera préposée par les Administrateurs en la maniere & aux Droits ordinaires, & ce néanmoins en présence d'un Commissaire de Police, sans préjudice des visites que lesdits Commissaires de Police pourront faire dans les Boutiques, ainsi qu'il est porté par leur Edit de Création, & prendront les Echantillons qui leur seront délivrez gratis desdites Mesures, pour juger des Contestations & Contraventions.

VI. Que les Officiers de Police connoîtront des faux Jaugeages, & seront les Verges par eux réglées sur la Mesure qui est déposée dans l'Hôtel de Ville.

VII. Que la Taxe des Vins d'Espagne, Muscats & Etrangers, sera faite par le Lieutenant General de Police, sans qu'il y puisse être troublé par les Officiers de l'Hôtel de Ville.

VIII. Que le Lieutenant General de Police donnera la Permission aux Marchands Etrangers de vendre des Fayances & Verreries ; & les Officiers de l'Hôtel de Ville, celle de les étaler dans les Places publiques.

IX. Que les Etaux des Bouchers, & étalage des Boutiques portatives qui se mettent aux coins des Ruës & devant les Maisons, ne seront dressées que par la Permission des Juges de Police ; & à l'égard de ceux qui se dressent dans les Places publiques, la Permission en sera donnée par les Officiers de l'Hôtel de Ville, en se réservant néanmoins en l'un & l'autre cas les Droits ordinaires, qui seront dûs & payez à la Ville.

X. Que la Taxe des Bois de Chauffage & Marnage sera faite par le Lieutenant General de Police, sur les requisitions du Procureur du Roi ; & pour effet, sera tenu d'y apeller les Officiers de l'Hôtel de Ville, & sera l'Ordonnance intitulée, *De par le Roi, Monsieur le Bally, ou son Lieutenant General de Police, & Messieurs les Echevins de l'Hôtel de Ville* ; & la connoissance des contraventions & exécutions ausdites Ordonnances reservée aux Juges de Police, & par eux être Jugées sur le Raport de leurs Commissaires.

XI. Que les Officiers de l'Hôtel de Ville donneront seuls aux Cabaretiers la Permission de mettre la Nappe, sauf aux Officiers de Police à prendre connoissance des desordres & contraventions qui se commettront aux termes de leur Edit de Création.

XII. & XIII. Que le Lieutenant General de Police fera l'Adjudication des Lanternes & Ordonnances qui peuvent les concerner ; sera néanmoins le prix de ladite Adjudication, Entretennement, Fournitures, &c. payé par le Receveur des deniers communs d'Octrois, sur les Ordonnances des Officiers de l'Hôtel de Ville, ausquels le Receveur en comptera en la maniere ordinaire.

XIV. Que le Lieutenant General de Police donnera la Permission necessaire aux Comédiens, Joüeurs de Marionnettes, Operateurs & autres ; & que celles qu'ils demanderont pour dresser Theâtres dans les Places publiques, seront données par les Officiers de l'Hôtel de Ville.

XV. Que les anciens Régistres du Greffe de la Police seront remis dans celui du Greffe de ladite Police, à charge d'en dresser Inventaire, & d'en donner décharge valable.

XVI. Que les Conseings des Portes & Archers du Bureau des Pauvres, seront tenus d'obeïr au Lieutenant General & Procureur du Roi de Police, pour le fait d'icelles.

XVII. Que le Lieutenant General de Police n'aura aucune Inspection ni Jurisdiction sur les Moulins Usuines de la Ville, à l'exception néanmoins de l'observation des Fêtes & Dimanches, & des Poids & Balances.

XVIII. Que la Permission sera donnée aux Tripiers pour leur Etalage dans les Ruës par les Officiers de Police ; & celle pour les Places publiques par les Officiers de l'Hôtel de Ville, en payant en l'un & l'autre cas les Droits dûs à l'Hôpital Saint Nicolas.

XIX. Et en dernier lieu, que les Billets pour les Logemens de Gens de Guerre seront paraphez aux termes de l'Edit de Création des Juges de Police ; Car ainsi a été accordé entre les Parties, qui ont promis d'exécuter de bonne foi la présente Transaction, sans aller ou reclamer au contraire, directement ni indirectement; toutes difficultez & Procès à cet égard étans par ce moyen terminez & assoupis: Promettans, &c. Obligeans &c. Renonçans. &c. FAIT & passé à Metz en l'Hôtel de Mondit Seigneur le Premier Président le 27. Février 1702. & ont signé avec Mesdits Seigneurs Premier Président, Intendant, Procureur General, le Duchat & de Rocherau, & avec Mes. Hennequin & Bouy, Notaires en la Minutte dûëment controllée, demeurée audit Bouy l'un desdits Notaires soussignez.

HENNEQUIN.   BOUY.

LA TENEUR DUDIT RESULTAT.

SUR les demandes des Sieurs Lieutenant General, Procureur du Roi & Greffier de la Police, & défenses contenuës au Procès-Verbal fait pardevant Monsieur de Saint Contest, Conseiller du Roi en ses Conseils, Maître des Requêres ordinaire de son Hôtel, Intendant en la Generalité de Metz; le 25. Janvier dernier, ayant été convenu par la Chambre qu'Elle s'en raporteroit sur les dix-neuf Chefs de Demandes contenuës audit Procès-Verbal, à la Décision de Monsieur le Premier Président, de Mondit Sr. de St. Contest, de Monsieur le Procureur General, & de Messieurs le Duchat de Hey & de Rocherau, Conseillers en la Cour, les Contestations étant en état d'être jugées, il étoit necessaire d'avoir un Résultat dans les formes, pour servir ce que de raison.

L'affaire mise en délibération, a été arrêté que Mesdits Sieurs seront très-humblement supliez de décider les Demandes & Défenses contenuës audit Procès-Verbal du 25. Janvier dernier; la Chambre se soumettant dès à présent à tout ce qui sera par Mesdits Sieurs jugé & décidé à cet égard. Fait à Metz en l'Hôtel de Ville le 29. Décembre 1701. ainsi Signé, DERISSAN, MUSAC, LE COCQ, NIQUEL, THIRION, EVRARD, B. ANTOINE, GODEFFROY,

64

RAVELLY & GUICHARD; & à côté desdites Signatures,
GEORGIN DE MARDIGNY.

Paraphé au défir de la Tranfaction paffée devant les Notaires
fouffignez ce jour 27. du mois de Février 1702. *Ne varietur.*
Signé, PANTALEON, DERISSAN, AUBRY, & GEORGIN
DE MARDIGNY, avec Mes. HENNEQUIN & BOUY, Notaires en la Minutte jointe à celle de ladite Tranfaction.

HENNEQUIN.   BOUY.

Scellé à Metz le cinquiéme May mil fept cens deux.
Reçû quarante fols. L. FRANÇOIS.

FIN.

Table des Matieres.

Fin de la Table.